U0577563

[美] 弗雷德里克·费尔德坎普 克里斯托弗·惠伦 著

胡志浩 译

金融稳定

——欺诈、信心和国家财富

Financial Stability

—Fraud, Confidence, and the Wealth of Nations

经济管理出版社
ECONOMY & MANAGEMENT PUBLISHING HOUSE

北京市版权局著作权合同登记：图字：01-2015-3599 号

FINAN CIAL STABILITY: FRAUD, CONFIDENCE, AND THE WEALTH OF NATIONS
Copyright ⓒ 2014 by Frederick L. Feldkamp and R. Christopher Whalen. All rights reserved.
Published by John Wiley & Sons, Inc., Hoboken, New Jersey.
Published simultaneously in Canada.
Chinese Translation (simplified Characters) Copyright ⓒ 2015 by Economy & Management Publishing House
All Rights Reserved. This translation published under license. Authorized translation from the English language edition, entitled Financial Stability: Fraud, Confidence, and the Wealth of Nations, ISBN 978-1-118-93579-8 by Frederick L. Feldkamp and R. Christopher Whalen, Published by John Wiley & Sons. No part of this book may be reproduced in any form without the written permission of the written permisson of the original copyrights holder
Copies of this book sold without a Wiley sticker on the cover are unauthorized and illegal

图书在版编目（CIP）数据

金融稳定——欺诈、信心和国家财富/[美] 弗雷德里克·费尔德坎普，克里斯托弗·惠伦 著；胡志浩译. —北京：经济管理出版社，2015.5
ISBN 978-7-5096-3686-2

Ⅰ.①金… Ⅱ.①弗… ②克… ③胡… Ⅲ.①国际金融—研究 Ⅳ.①F831

中国版本图书馆 CIP 数据核字（2015）第 058762 号

组稿编辑：宋 娜
责任编辑：宋 娜 赵晓静
责任印制：司东翔
责任校对：赵天宇

出版发行：经济管理出版社
　　　　（北京市海淀区北蜂窝 8 号中雅大厦 A 座 11 层　100038）
网　　址：www. E-mp. com. cn
电　　话：(010) 51915602
印　　刷：玉田县昊达印刷有限公司
经　　销：新华书店
开　　本：720mm×1000mm/16
印　　张：15.75
字　　数：226 千字
版　　次：2017 年 3 月第 1 版　　2017 年 3 月第 1 次印刷
书　　号：ISBN 978-7-5096-3686-2
定　　价：88.00 元

目 录

前　言

　　如今，科技运用精确的计算告诉我们，自由同独裁统治、欺诈相比能带来更多的价值。通过将古代的摩西法则和现代的数据运算结合在一起（参见图表9.1、图表9.2和图表9.3，以及第九章），本书向我们展示了：

　　（1）在2007~2009年的危机中，某个国际货币兑换商的欺诈行为，造成了投资者67万亿美元的损失（仅在美国一国就造成了30万亿美元的损失）。

　　（2）截至2013年，2009~2012年自由市场以每年34万亿美元的速度逐渐复苏并重新创造财富（美国为每年17万亿美元）。

　　第二次世界大战后，美国成为自由的捍卫者，德国人民选择在和平与繁荣中度过这近70年的时间，而非继续追随并拥护国王和独裁者，也正是后者导致了历史上两次几乎波及全球的世界大战。2014年初，德国和美国一道携手反抗俄罗斯针对乌克兰的威胁行径。依据上面的计算准则，俄罗斯总统普京为占领乌克兰所付出的代价是俄罗斯财富贬值50%。

　　以10年期债券收益率为基准，现在1美元的现金流价值是1卢布的现金流价值的2倍多。由于德国在国防上可以依靠美国的能力作为协助（正如在第二次世界大战时，苏联面临德国的侵略获得了美国的帮助一样），现在德国每一单位货币的价值是俄罗斯的2.4倍。这就是如今人类社会中自由与侵略相比所显示出的优势。

　　经验是通过我们所犯的错误而获得的知识，智慧是通过了解他人所犯的错误而获得的知识。美国是世界上最古老的民主共和国，同时也是一个非常年轻的国家。我们整整经历了175年的时间才改正错误——宪法和法庭最终通过了一人一票的普选权。美国人仍然在努力了解自由市场运作的奥秘。通过总结自身经验并从其他国家的智慧中学习知识，在研究美国是如何发展成为目前世界上最优秀的金融体系过程中，我们会尽力不让您感到无聊。但是，阐述有关金融方面的问题总是让人感到枯燥。

早在摩西法典中就已对欺诈进行了定义。然而，直到 1929 年金融市场崩溃后，美国才有所反应，最终结束了一些自"繁荣昌盛时代"（尤指美国内战后的 28 年期间，约在 1870~1898 年）就存在的欺诈性表外负债项目和其他强盗行为。在美国 1933 年和 1934 年分别实施银行和证券法律改革之前，投机者只发布母公司的财务报表，运用层层的子公司和信托机构隐藏欺诈行为。虽然强制性地合并会计报表终结了很多这样的行为，但是这并不能终结那些隐藏在欺诈背后的操纵和投机行为，也正是这些欺诈行为在几十年后又引发了新的金融危机。

本书描述了一部分错误行为，它们也是美国金融市场经验的重要组成部分。比如，2007~2009 年的金融危机证明了为什么我们要停止使用表外债务。本书中，我们将解释这样做的原因以及如何正确完成金融交易活动。投资者现在才知晓在次贷危机爆发时，巨大的表外负债泡沫经过数十年的增长在世界范围内已经达到了 67 万亿美元，仅美国一国就达到了 30 万亿美元。2007 年，这个积累起的巨大泡沫在人们毫不知情的情况下破灭并打破了世界的平静。相对于股东权益的 67 万亿美元表外债权，几乎摧毁了自摩西时代起积累的所有财富。一些人至今仍在思考这些隐藏起来的欺诈行为是如何触发了 2008 年的大规模危机。这是隐藏于表外交易的欺诈行为所引发的泡沫，巨大泡沫不断的积累而产生病毒性影响。

上一次同样的金融危机发生时，富兰克林·罗斯福曾说："我们唯一恐惧的就是恐惧本身。"在科技和自 2005 年开始的信息披露要求的帮助下，美国现在已经能够以天为单位精确地测度美国公司债券市场上投资者的恐惧程度。通过每日公司债券利差的披露，领导者可以清楚地了解投资者的反应：他们每天做出的决策是能够吸引新资金投入的明智决策，还是会赶跑投资者的错误决策。在晚餐之前，他们就可以知道决策在自由市场中的实际收益或成本。

　　"安然事件"使得美国开始想办法完善衡量市场恐慌情况的手段，这些恐惧情况体现在债券利差中。这些测量手段并不能精准地运用在其他领域。除了本·伯南克和其他小部分人外，美国的领导人在 2008 年 9 月之前基本上都忽略了这一新指标。当欺诈的泡沫开始破灭时，来不及通过微调的方式来调整。所以美国和它的盟友被迫使用一个古而有之的途径来解决问题：国有化附加货币化。美国努力将 1998~2008 年的错误转化为未来的经验和智慧，运用这个权宜之计，通过临时放开流动性和提供资助的方法，挽救了世界金融状况。

　　其他国家是否能选择一条更明智又不那么艰难的路，要由他们自己选择。2014 年 3 月 3 日，通过已掌握的投资者恐慌指数对普京发出警告，俄罗斯干预乌克兰自由市场发展的行为是一个错误，正如亚当·斯密在曾经劝告乔治三世国王时所说，"同英国的殖民地友好地开展贸易远比尝试统治它们更加有益"。

　　后来俄罗斯依旧选择通过犯错误来获取知识的经验型学习模式，而不是开篇所说的通过他人错误而获取知识的智慧型学习模式。在改革期间，很多俄罗斯人缺乏足够的耐心，米哈伊尔·戈尔巴乔夫对此感到十分遗憾。因为全球有太多人愿意等待甚至永远等待自由经济的到来。当耶稣在世的时候，希勒长老曾因"舍我其谁，时不我待"这句话而家喻户晓。我们希望智慧所带来的和平和繁荣，能够永远盛行，并且现在正是培养智慧及其他要素的最好时代。在第二次世界大战后的和平时期，乔治·马歇尔向苏联证明：和平可以挽回当前所有的损失。同样，金融的稳定对于这样的成功是至关重要的。

　　本书开篇表达了对罗伯特·M.费舍尔的感谢，他作为一名证监会的律师兼经济学家，在 11 年前花费 5 小时的时间，耐心地听弗莱德·菲尔德坎普解释一种交易方法，弗莱德的一些客户通过该方法完美地完成了独立金融交易活动。客户们在该活动中以金融资产为基础（如家庭抵押贷款和汽车贷款等），创建了无风险套利机制。私人部门的创新品抵押担保证券，最终成为促进美国债券市场达到均衡状态的有效工具。1983 年，抵押资产证券化为居民抵押贷款市场而创立，并于 1993 年传播至其他金融资产市场，其扩大了金融市场的范围，为经济体提供了更多的机会，近几十年来，这些机遇都被商业银行严格地控制着。2009~2013 年，美国中央银行运用类似的金融套利的方法使金融市场摆脱危机。对私人部门投资者而言，无风险套利是投资者在世界范围内保持金融稳定和经济繁荣的基石。

在听取数小时的报告后，费舍尔先生看着弗莱德说道："您刚刚为我们提供了宏观经济学中最后一个尚未解决的问题——金融稳定性的解决方法。"

大约在那次会议两年之后，证监会要求市场通过交易报告和合规"引擎"（TRACE）系统实时报送所有的公司债券交易价格、规模和其他交易细节。不久之后，美国金融监管局（也称 FINRA）这一自律性组织，开始使用那些数据编制每日的实时收益率指数，以便投资者可以看到每日信用利差的变动情况——这也是银行家们通常小心翼翼地向竞争对手隐瞒的信息。

信用利差衡量不同等级债券收益率的差异。它们精确地反映出投资者对日均利差变化后的恐惧程度，即美国市场政策和可给予投资者债券市场暗示的所有相关事件。第九章的图表 9.1、图表 9.2、图表 9.3 显示了自 2007 年到本书的撰写期间，美国市场的信用利差上下波动的情况及原因。表 9.1 运用数据来反映信用利差变化对宏观经济的影响。

本书要感谢牺牲了无数闲暇时间的费舍尔先生及弗莱德先生。弗莱德先生自 2006 年从律师事务所离职后，一直运用信用利差数据来预测市场走势或评论、建议相关的政策措施。

政府和监管者通过标注出美国债券投资者对于每天所发生事件的实际现金交易模式的反应，并将这些信息汇总到几个简单表格中，即可准确地观察出不同政策下投资者反应，同时看到这些政策是如何引发了 2007~2009 年世界范围内的金融大崩溃。当一切结束后，他们还可依据每一步的成功与失败的数据，进一步进行美国金融市场的改革，并观察 2009 年之后在几个影响世界范围投资者的小型危机中，信用利差的涨落情况。

在每个交易日收盘 90 分钟后，纽约证券交易所向市场提供这些债券数据。因此，每个感兴趣的人都可在每晚收盘后，通过观察当天的数据来判断美国领导者的政策效果。这些数据同样适用于短期行为的改正和后续实施。

这是金融史上第一次，每个人都掌握着实时的现金交易数据，并由此了解政策行为是否会影响或者干扰这些数百万债券的投资者，这些投资者以每天数百亿资金的操作反应着他们对领导人政策的观感。无论是通过明智的做法还是从错误中学得的经验，在这些数据的帮助下，我们可以用知识来替代政治的修辞。

每一个人都拥有并应行使决策权。在这些事件中，每一个经济学家都应该悟出只有那些债券投资者的反应才可以判定领导人行动的成功或者失败的道理。毕竟，无论对于美国总统还是美联储主席或者是国会的领导人来讲，像道琼斯工业指数、联邦基金利率和十年期国债收益率这样的市场指标才是政治和金融的最终"晴雨表"。

在本书的调查过程中，弗莱德意识到在观察债券利差时，我们不仅可以观察到重大事件对美国过去十年的影响。在几个世纪中，许多经济观察家们都不知道利用何种方法来准确而实时地衡量驱动资本市场变动的恐惧心理。因此在弗莱德之前，该研究项目已经有所发展，弗莱德进一步推进了该研究，他也曾和他的朋友兼合作者克里斯托弗·维伦讨论过这些发现。

通过多年的合作与研究，作者们开始意识到，在所有市场上回荡和流动的信心和恐惧，是决定金融和经济稳定以及国家最终财富的关键要素。而美国是唯一一个在制度上能够保证对金融稳定性进行衡量的国家，因为只有美国才有能力公开每日信用利差和其他公司债券市场的信息。

在我们的观察中，人类4000多年历史中的战争和危机大约都是由美国公司债券市场中所存在的日常问题引发的（在美国经济大萧条之前、期间和之后）。在《欧洲现代史：从文艺复兴到现在》一书中，约翰·梅里曼写道：在16世纪早期，一个意大利籍的流亡者告诉法国国王，如果帝国想要进攻米兰公国，最重要的三件东西就是钱，更多的钱，还有更多的钱。他所描述的就是货币贬值和军事冲突之间的关系。

直到1776年，当亚当·斯密因出版区分中央银行和商业银行的论著而获得赞誉时，那些公开反对统治者利用货币政策来维持权力和战争开支的人最终都被处决。20 世纪，通过增加金融运用范围来创造新的经济机会，从而使货币战争更加民主化。事实上，投资者可以运用自有资金来投票，并抵制领导者错误的政策决定。

在 2000 多年的时间里，我们都在寻找解决金融不稳定性的方法。它存在于信用利差和其他债券市场数据的公开报告中，也存在于包括其他利差的金融结构运用中。2007~2009 年的金融危机，可以使我们更快地接触到真正的金融民主化，并减少未来经济错位和战争发生的可能性。如果我们能够正确地使用这些解决方法，那么就可以在系统开始失去平衡前（由于诈骗或者是其他不稳定性的来源），投入任意可以拯救世界的要素。在我们成功的挽救世界后，就可以找寻解决危机根源的方法。

美国、英国、欧洲和日本的中央银行已经向世界证明：他们清楚在金融危机产生过程中需要采取哪些措施来引导经济体提升价值并恢复投资者信心。问题是，我们能否将这些知识制度化，控制市场在恐慌和兴奋中的波动幅度，并因此极大提高所有自由人士的经济福利。

弗莱德·菲尔德坎普

克里斯托弗·维伦

2014 年 6 月

简　介

　　本书从法律、逻辑和金融历史的视角，重新阐释宏观经济学。宏观经济学是经济学研究的一个分支，它把自身和社会财富的增加联系到一起。到目前为止，微观经济学是经济学中非常宏大和古老的分支，将自己和某一个特定的公司或者个人收入的增长问题联系在一起。微观经济学考虑其他人的行为对于一个公司或一个人在某一个特定时刻的影响。而宏观经济学从总体角度考虑数千家公司和个人为了个人经济利益所做出的单独决定加总后的影响。

　　此处的一个重要特例是，任一宏观经济变量的微小改变都会产生影响。从 18 世纪的亚当·斯密开始，每一位宏观经济学家都会发现一个变量，即由信用利差代表的货币竞争成本，其影响重大。当信用利差处于较低水平时，将刺激经济发展；当信用利差处于较高水平时，将破坏经济活动。低且稳定的信用利差促进经济稳定，是经济稳定的信号。每一次信用危机都始于信心剧烈下降和相对应的信用利差剧烈升高的时期。

　　金融稳定性在宏观经济中处于"圣杯"的地位，但它也是自由社会中很难达到的状态。每一位受人尊敬的经济学家都知道世界并不具备保持长期增长的能力，因为到目前为止，人们仍没有解决自由市场金融稳定性的问题。每次，当人们观察到一段时期内流动性驱动增长时，都会说服自己该问题已被解决。不可避免的是，世界发生的新危机或市场崩溃总沉重地碾压着人们的乐观态度。对经济繁荣和自由的追求似乎导致欺诈和冷漠，并因此引发金融不稳定性。《克雷格德里尔资本》（Craig Drill Capital）的作者阿尔伯特·M.沃伊尼洛尔在 2014 年 3 月写道：繁荣和萧条发生的原因并不是由于人类缺乏经济知识引起的，而是由于深藏在人类自身的人性问题。

第一个广为流传、企图修正欺诈行为并因此导致金融危机的事件是在拿撒勒的耶稣时期。耶稣发现，犹太同胞为庆祝逾越节，把罗马货币兑换成犹太货币。自摩西时代起，欺诈指使用两种衡量标准的行为。在耶稣被钉死在十字架上的那周，他观察到大祭司通过欺诈获利后，说服货币交易商远离寺庙，在公开市场上进行竞价。他的行为开启了一个创造"新宗教"的艰难旅程，同时显示了自由透明市场同腐败欺诈市场的差别。

拿撒勒的耶稣因揭露当时大祭司的欺诈行为而被害。在耶稣被钉死在十字架上之后，他的犹太支持者尝试着改革寺庙的运作方式，下一任犹太人的领导者也因此而被处死，并引发了耶路撒冷农民起义。最终，那些支持寺庙祭司的罗马人镇压了这次起义。罗马对起义者采取了和迦太基一样的策略——杀死所有参与者并烧毁所有寺庙，并在公元前70年摧毁了耶路撒冷古城。

许多人仍面临同样的垄断和欺诈行为，并持续不断地为自由的金融市场而奋斗。不可避免的是，这些追求透明和公平交易的努力似乎只是加速新的金融操纵手段的产生，并催生相反的结局——新一轮的危机，使得有罪的和无辜的投资者破产。度过这一有史以来最严重的国际金融危机后，要找出任何一种可以改变人类这一错误的方法，对于我们来说都是极具挑战性的。一直以来，人类都在不断地寻找新的谋生办法，而金融一直是最有效的康庄大道，尤其是可通过操纵市场而获得超额利润时。

2013年，弗莱德·菲尔德坎普经历了与当时耶稣在教会里面看到的相类似的货币交易骗局。如今，每一个人都可知晓并揭露货币交易商的骗局。

现在，可以运用数据以及分布在世界范围内的即时工具来帮助那些诈骗受害者免于再次被骗。同时，规模巨大且极具流动性的市场，可以提供无数替代骗局的方法。在每一个交易日，主要的股权市场都可以及时、持续地提供世界范围内股票投资者收益的精准信息。然而，一般都是由政府集中控制商业银行内贷款资源的分配及定价权。但是，这种情况也在改变。

通过1971年以来的方法（现在可能已经接近完成），美国发展起了世界上规模最大、公开性最高的公司债券市场。但对美国而言，还有一个重要问题尚未解决。美国主要银行和联邦机构仍牢牢控制着抵押贷款市场的主导权。并且，由于美国信贷市场规模巨大，美国银行系统和美联储都要在该市场中决定长期信贷定价和资本分配。

美国债券市场的日常活动数据已可精准反映出不良行为，监管者可通过数据佐证私人部门操纵信贷定价的过程。例如，伦敦银行同业拆借利率案例以及最近的商品交换指数调查。

在创建公司债券市场的过程中，美国虽然经历了几次大规模危机，但保持金融稳定性的目标从未改变。1987年，首个反映每日美国公司债券市场状况的私人编制指数应运而生。然而，真正突破性的进展发生在2005年，美国债券交易委员会要求交易商报告公司债券的即时交易情况。不久之后，金融业监管局开始编制每日债券指数，本书即用每日债券数据来监测2007~2009年的危机，并依此绘制本书中的图表9.1、图表9.2和图表9.3。

这种透明性有助于我们了解2007~2009年的金融危机是如何成为世界性的市场灾难，且在本场灾难中每一个居民和政策制定者都能根据实际的交易信息，准确地知道数以百万的公司债券投资者的日常反应。即每个交易日之后当局都会发布的总结性数据结果。

根据每日交易数据显示，债券投资者无论是对当天政策决定的反应是欢呼、懊恼还是逃离市场，消除长期以来的投机行为才是关键，这些投机行为大多是由众多的金融媒介对交易者情绪判断的预期所引发的。每日交易数据促使每个人放弃猜测，跟随资金（变动）而行动。上述知识增强了我们获得金融稳定的能力，因为政策制定者可以通过了解数据来理解数据后面隐藏的真实含义。他们可以依据市场事实而非带有偏见性的猜测做出相应反应。每日交易数据也给予了每位领导者将今天的错误转化为明天的补救措施的机会。

为了消除危机，现在人们意识到必须强烈禁止个人、公司甚至国家的金融欺诈行为。欺诈是所有金融危机产生的源头。在1世纪，耶稣想要通过创造一个公平公开市场，让货币交易商在一个公平竞争环境中进行交易，以此来揭露金融欺诈的阴谋，当一个交易商的价格不合理时会即时在市场中表现出来。但该方法存在着罗马政府介入、收税或二者兼有的风险，因此被那些寺庙掌管者所拒绝。

但现在这种状况已被改变。弗莱德并未同那个多收他67%货币交换价的教会进行对质，而选择了同该职员在谈笑风生间付款。与寺庙里的犹太农民不同，他清楚欺诈在教会融资中的重要作用。当时包括办事员在内的所有在场人，都露出了轻蔑的笑容。对弗莱德而言，他从接受高交换价的教训中受益良多。因为他，我们现在拥有了能在开放市场中达到金融稳定性的方法，不论是宣布实行两种衡量标准是非法行为的摩西，还是同大祭司对峙的耶稣，都想要实现金融稳定性的目标。

把即时反映投资者对于每一政策变化的数据和揭示欺诈的普世能力结合到一起，就可保证市场开放、保持金融稳定性。想要达到该目标，又需要不断完善所有收入数据的报送汇总功能，并无论好坏均保持开放的市场态度。前联邦储备委员会主席本·伯南克和他的同事们似乎就是这一重要现代货币政策理论的先行实施者。

"金发姑娘经济"是指经济既不呈现过度的繁荣也不表现过度的衰退时期，在该时期中，信息充分且自信的投资者相互交易，形成并维持稳定的低水平信用利差。低且稳定的信用利差和经济学者所说的金融市场均衡密切相关，并且前者有助于创造这种均衡状态。然而，金融市场的均衡状态是难以达到的，以至于很多专家将金融稳定性称为"炼金术士之梦"。正如路德维希·冯·米塞斯说观察到的著名理论：经济学是研究每一个人的行为的科学，因此是不能被预测的（冯·米塞斯，1949）。

1776年，亚当·斯密将均衡形容为这样一种状态：在该状态下，该商品在所有市场中的价格相等，即其价格由同一种度量标准所决定。它也是历史上公认的最重要的经济发现，也可能是最难被人理解且最难以达到的状态。亚当·斯密的经典经济学著作——《国富论》中的金融均衡，是指在世代更迭中，生产性资产（斯密定义为土地、劳动力、交易中的股票）增长率和金融中介的成本最小化。信用利差代表资本成本负担。

亚当·斯密称金融为"流通车轮"。这个轮子有利于将生产性资产及其所生产的商品转化为货币，无论后者是投资于生产性资产还是交换为其他的商品或生产性资产（因此会增加对于新生产性资产的需求）。新增的生产性资产增加国家财富。金融市场促进经济发展，并因此对创造财富至关重要。然而保持金融稳定性的关键性条件是金融并不能增加价值。金融只能促使土地、劳动力和交易中的股票价值更高效地增长。

亚当·斯密观察到当保持金融（稳定性）的成本超过维持经济循环的最小成本时，将会制约一个国家的财富增长能力。低信用利差的"金发姑娘经济"或者是均衡状态下的良性稳健经济中的金融交易成本都是最小化。因此，以上这些对于想要最大化公民成功机会并最小化风险的国家来讲是极其必要的，这里的风险指"流通车轮"被以高信用利差形式出现的不必要（通常是欺骗性）成本所压垮。

尽管数千年来，人类一直在寻求能够建立均衡贸易规则并避免欺诈的方法，但只有美国在一场残酷的世界大战后达到了这个令人难以捉摸的金融市场均衡状态。维持金融市场的稳定均衡状态就像利用核聚变一样，是非常难以达到的。在每次美国金融领域达到均衡状态后，就会发现不诚实的金融从业者找到的避免欺诈限制规则的新方法。在每一个例子中，一场危机都会紧随而至，并摧毁之前取得的成果，最近一次就是2007~2009年的金融危机。

在每一次金融危机之后，律师、交易员、会计、经济学家、政客、监管者、作家和其他领域的专业人士就会从他们的角度出发，总结失败的原因。一般来讲，一个领域的专家会将诱发危机的原因归结至其他领域的错误中。事实上，我们中的所有人（或者说没有人）能为市场周期性错误负责。当对金融稳定性和金融危机关系中的各个方面进行实证和理论检验之后，就会发现每个人（或者说没有人）都负有责任。这是因为金融引起并影响一切事物。而且，在金融市场上所有事情是同时发生的。

我们都只是人。尽管我们可充分地借助科技手段，但是也不能了解所有在金融市场可能出错的事情。如果我们假装成圣人，那么更应该原谅每个人所犯的错误。我们真正的希望存在于战胜错误以及从错误中学习的能力，尤其是那种可能重演的错误。正如著名的物理学家和作家弗里曼·戴森所说：当犯错的人们意识到错误并愿意加以改正时，错误是可以被容忍的。科学不只关注已经了解的事情，科学中最刺激和最具有创造性的部分是我们还在努力着想要去了解探索的部分。错误的理论并不是探寻科学路上的障碍，它们是我们需要付出努力的重要部分（戴森，2014）。

我们认为在金融市场运作的角度上，由于缺乏好的数据而产生了金融稳定性问题，并至今也没有解决它。在 2005 年之前，全世界普遍缺乏可信的、广为流传和实时的债券市场数据，其反映政策变化后投资者购买和销售债券的价格变动情况。当我们终于拥有准确的数据之后，我们才逐渐去了解这些危机。这也是米尔顿·弗里德曼和安娜·施瓦茨在他们 1963 年的经典著作《美国货币史》（1867~1960）中运用的方法，并以此重新解读大萧条产生的原因。

美国从这些新数据中获得新的视角，试图最小化 2007~2009 年金融危机所带来的伤害，并运用金融稳定性理论来避免危机，从即时数据中了解危机发展过程中投资者情感发生的变化。只有这样，才可以在危机触发经济崩溃前，从该理论出发制定新的政策导向，解决潜在问题。

这种问题类似于医生在不知道如何正确测量病人体温前所经历的状态。医生必须在病人失去生命之前，更加深入地观察并处理潜在问题。在没有数据的情况下决定什么时候以及如何治疗，实际上等同于在黑暗中进行尝试，可能会杀死患者而非治疗疾病。

获得准确及时的金融市场数据并不容易。纵观历史，银行家在数据过时前小心翼翼地看管价格和边际价格的数据。对于那些有内部消息的人来说，拥有数据是控制市场或获得私利的一种方式。现在我们知道好几个市场被金融中介商（或投资者信赖的机构）操纵达数十年之久，并因此导致金融大萧条和 2008 年的经济衰退。这些被我们信任并能够公正引导市场的机构希望通过操纵市场来获得他们想要的价格。直到 2005 年的秋天，才出现以日为单位编制的债券市场数据，尽管那些数据都属于事后数据，对于政策的计划性来讲毫无意义。

许多时候，我们从危机中学习。证券交易委员会就是从"安然事件"中吸取了教训，要求实时报告公司债券的交易数据。对于那些使用新的数据来跟进信用利差的人来说，每个 2007~2009 年金融危机中的政策变化，无论好坏，都会对市场产生显著可测的影响，并以信用利差变化的形式表现出来。在均衡状态下，信用利差方面每一基点的上升（坏）或下降（好），都会对美国经济产生大概 100 亿美元的年财富创造力的差别。当这些数字朝上或朝下变动过大时，就会引起政策制定者的重视。

因此，通过观察每天信用利差的变化，人们可实时发现正确或错误的政策。投资者可依据这一新的知识判定当天的收益情况，并因此欢喜或忧愁。例如，当美国众议院在 2008 年拒绝批准不良资产救助计划时，信用利差骤然上升。这意味着大部分的美国商业将很快停止运作。市场的情况立刻逆转了提案的投票状况，促使提案通过。我们将在本书之后的部分详细描述 2007~2013 年中所经历的事件。

弗莱德自 1997 年 12 月开始收集并分析可得的所有信用利差数据。他需要运用一种简单的方法，通过一个或者两个表格来向亚洲各国的财政部长们说明 1996~1997 年的亚洲金融危机已经开始影响到美国信贷市场。在 1998 年 2 月弗莱德发表了演讲，并希望观众的注意力都集中在他所解释的美国是如何发展出一套对 1997~1998 年金融危机的免疫机制方面。他通过利用信用利差对世界市场进行对比，清晰有力地讲解了美国的免疫机制。

出于好奇，弗莱德接下来收集了从 1987 年开始的所有类似数据，并追踪所有可得的信用利差数据。在每日单调的研究中，他发现了数千个政策变动和信用利差间的明显重合。这些重合很快演变成了模式。利用这些模式，弗莱德意识到可用这 27 年来的信用利差变动来检测金融市场政策变动对于美国经济的影响。

1998 年 9 月，弗莱德利用数据向美国证券交易委员会证明他们在 1998 年 4 月所采用的规则有缺陷，该规则破坏了他在 1998 年向亚洲各国财政部长演讲中所提到过的美国对金融危机的免疫系统。该规则同时导致了 1998 年包括长期资本管理公司在内的对冲基金危机。他在 9 月的演讲使得证监会临时停止实施该规则，促使银行和其他机构安全地解决了危机。正如数据所预测的，当证券交易委员会重新实施 1998 年规则时，它又诱发了高科技泡沫危机。也是该规则打破了 2004 年"金发姑娘经济"时期的均衡状态，导致这之后不稳定的银行投资，也在 2007 年 8 月同贝尔斯登公司旗下的几个对冲基金的破产一起引发了经济崩溃，并最终导致 2007~2009 年的金融危机。

1998 年美国证券交易委员会的规则可谓是自大萧条以来最糟糕的公共政策之一。该政策阻断了之前非银行金融机构接触金融货币市场资源的渠道，为后来银行机构垄断货币市场打下了基础。1998 年的规则既停止了资产证券化市场中可用于平衡市场、减轻早期银行机构垄断权的相关交易活动，又使银行通过欺诈的手段重新获得了该市场的垄断权。尽管我们因 2005 年相关政策的变化而对未来持乐观态度，但我们仍旧担心 1998 年的规则将会对未来金融市场带来破坏性影响。

2008 年后，美联储主席本·伯南克所创新的一系列出色政策缓解了该局面。在本·伯南克先生的职业生涯中，他所出版文章和发表的演讲中都具体阐述了对信用利差有所影响的货币政策传导机制。2003 年 10 月，伯南克主席在报告中阐述了他和肯库特所做的关于货币政策与股票市场活动相关关系的调查。他们发现预期利率变化对股票价格几乎无影响，而未预期变化会产生温和影响，他们因此而思考了其中的原因，并写道：我们想到了一个令人相当吃惊的答案，至少对于我们而言是难以置信的。我们发现预料外的货币政策变化对股价的影响不大，且该影响是通过影响股票的预期风险传导的，而非通过影响预期红利或无风险实际利率传导的。

不久，伯南克主席成为白宫的首席经济学家，并在 2006 年成为联邦储备委员会主席。副主席科恩也持有相同的观点，他们都了解该原理。我们只能期待他们关于信用利差和市场方面的明智想法能够在未来几个月甚至几年的时间里，继续指引美国和世界银行监管机构。

　　2008 年 11 月，在通往那场金融世界末日的艰难路途上，每一个正确或错误的行为都通过信用利差的变动显现出来。无论科恩和伯南克是何时做出了决策，市场似乎已经得以恢复。然而，到 2008 年秋天之前他们所做的努力都被其他人持续的错误所抵消掉了，尤其是财政部部长汉克·保尔森的行为。信用利差的变动和 2009~2013 年复苏阶段的每一步骤（或错误）息息相关。

　　理解是什么驱使信用利差变动有助于我们在以后构建并检验政策的有效性，促进美国创造并维持金融稳定性。美国债券市场的规模和美国进行的尝试都可为世界其他地区提供经验，使其可以模仿。从历史数据出发，我们知道金融危机以利差升至峰值为开端，峰值的来源是高风险借款人和高评级借款人所付出成本之差突然变大。政策制定者在理解了是什么造就利差峰值之后，应在投资者产生恐慌情绪之前，变动政策来降低利差。因为信用利差变化所产生的激励会影响到私人部分的交易活动，抵消可能引发危机的顺周期金融波动。当投资者开始学会运用金融稳定性理论后，信用利差变小，信用利差移动的次数和波动性都会降低。信用利差变动逐渐变小后会促进均衡状态的产生。

　　只有像凯恩斯这样少有的经济学家是活跃的交易者，大多数的经济学家都还没有意识到证券交易委员会 2005 年要求公开债券利差数据创造出多么重大的机遇。这也是可以理解的。经济学家通常会拒绝任何存在时间短于几十年的事物。很多的经济学家似乎只是在最近才认可欧文·费雪为解决 1933 年债务萎缩大萧条所做出的贡献。这次系统性的失败部分原因可以解释为，经济学家并不向历史学习，尤其是在金融和法律这些学科与经济学相交织的历史。

　　幸运的是，经济学研究者目前拥有可信程度不同的、近 27 年的数据（超过 5000 条的每日数据）。利用这些他们能够将信用利差变动和政策变动及反应，同影响投资者市场行为的各个方面联系在一起。这些数据可以帮助他们有效地建立政策模型，以检测维持金融稳定性的程度。研究结果一定会修正本书中的某些观点。对此，我们欣然接受。

本书中包括了弗莱德所绘制出的三个动态图表（第九章的图表 9.1、图表 9.2 和图表 9.3），并用这些图表来支持 2007~2009 年中对所发生事件反应的报告。这些图表更新至 2014 年 5 月，对美国长期国债、投资级别的公司债券和高收益率的公司债券的每日利率进行对比。这些图表显示了失误是如何导致市场失去金融稳定性，并通过改正在 2008 年重新获得金融稳定性，以及在 2012 年当这些错误都被更正后继续保持金融稳定性。每个图表都描绘出影响数百万投资者们数万亿美元资产的货币和投资决策。

本书在这里呈现的金融稳定性理论，来源于数据推导以及弗莱德 2005 年合著书中描述的交易。这个以市场为基础的金融稳定性解决方法和货币的发明一样古老，同物理学一样可以在数学上论证，同黄金法则一样具有逻辑性和理论性，同现代科技一样流行，同寻求消除战争以及避免因全球变暖而导致的灭绝危机一样具有未来主义。实施解决方案可能十分困难，但该问题必须得到解决。

所以，下面让我们简要地回顾金融市场的历史，并探寻未来改进的方法吧。

第一篇

贯穿金融市场历史的主题

——自由和欺骗

第一章

最初的几千年

有三种"一神论"信仰流派将圣经的前五册视为他们各自的宗教遗产，分别是：犹太教、天主教和伊斯兰教。对于这些信徒来说，这五册书记述着从世界的起源到摩西之死这段历史。因为相信只有一个"神"，"一神论者"并不会认为世间的纷争是由不同的"神"之间的差异造成的。

《申命记》是圣经的第五册，关于它的创作时间和目的，学者们有着不同的观点。《申命记》是在犹太人从埃及的奴役中逃脱出来前往他们的乐土期间完成的。到《申命记》完成之时，人们的定居地已经在各个大陆中散布开来。

刚刚从奴役中逃脱出来后不久，犹太部落的人们便陷入长时间的在广袤沙漠中的游弋，不难想象，在面对稀少的生存资源时，他们之间会发生怎样激烈的竞争。而《申命记》似乎就是一种条约，给摩西的追随者们列出详尽的行为规范，以帮助他们在和平相处的同时去寻求一种尚未达到的，但更完备的社会结构。

这册书含有很多早期陈述版本的法律法规，其中的一些戒规对于有繁衍需求的部落氏族而言是特殊定制的，但《申命记》中对欺骗的定义和防范措施却具有持久效力。

《申命记》要求部落中的人们在家中和市场交易中使用同一种度量衡，这样就可以防止人们在不同场合采用不同的度量衡，这种不诚实，也就是欺骗的核心。它防止人们在需要较大单位的时候使用较小单位，比如在售卖面包时，同样也防止在需要较小单位时使用较大单位，如在购买小麦时。

大约在公元前 700~2000 年这段时间里，出现《申命记》这本书。它摒弃了采用两种度量衡，这被视作是想要消除欺诈对和平和繁荣所带来的威胁性影响。而且这方面的戒规也被总结到早期神学和哲学的"白银法则"中：己所不欲，勿施于人。

而在随后出现的"黄金法则"将此主张转换了一种说法，它要求正面表述对个人行为的戒规：己所欲之，请施于人。

"黄金法则"鼓励人们主动地迈出寻求和平的一步，而"白银法则"则告诉人们要避免一些不利于维持和平的行为。所有的金融危机都是建立在欺骗的基础上。因为即使规避欺骗也不可能根除其源头，所以《申命记》中的各项准则也不可能确保金融的稳定性。尽管如此，它的存在对于金融稳定也是非常必要的，因为它提供给我们一种期望和考量行为的标准。社会中的人们只有通过信息披露和积极支持才能甄别并挫败商品交易（后面会作解释）中的欺骗行为，以维护金融市场的稳定。

在最大程度上缩小对欺骗行为的惩罚性影响实际是很有必要的，这种影响在于，在未预料到的欺骗行为被曝光而造成对市场的惊吓并引发金融危机时，人们信心的消退。金融市场的不稳定就始于投资者把钱借给或以其他形式进行委托给不值得信任的中介商。欺骗行为打破了这种信任。

欺骗者将自身的投机行为隐藏起来，直到不诚实的行为引发了损失和质疑时才被发现，但通常此时委托资金已经被骗走了。

当严重的或系统性的欺骗行为被发现，信任（伴随着一些财富）也就被打碎了，并且很难重建。欺诈行为被曝光后，将会引起信用利差激增至峰值，引发金融危机。当市场重拾信心时，信用利差将会降至较低水平。当亚当·斯密"流通车轮"的价格大幅下降时，金融中介商们察觉到应该隐藏他们的投机行为以使他们的收益一直可以聚少成多。

为了达到目的，很多机构不可避免地要对投资进行两种度量。一些包含在公司实际投资中的投机行为不会被披露。这些隐秘的欺诈性投机行为是以牺牲之后投资的利益来为经理人们牟利。本书后面将要讨论的资产负债表外投融资就是此类行为的基本例证。这就是道德风险产生的原因。

当欺骗行为败露后，投资者失去了主要的还款来源，正如在 Allen Stanford 的 70 亿美元的欺骗行为仅有很小部分得到偿还的事件中表现的一样。由于投资者疯狂地退出市场，一些表现良好的公司也会被拖累，因为投资者会同时对所有的中介机构和市场合约失去信任。

当有竞争者闯入某行业并利用欺骗给管理者带来某种优势时，行业中原先的金融机构就会失去一些客户。在 1980 年的得克萨斯州，大家都使用会计造假的储蓄和存款数据去隐藏投机行为并打压负责任的商业银行，这使得投机行为最大的受害者，同时也是业务上最诚实的得克萨斯银行必须在妥协与倒闭之间做出选择。这是监管机构对所有人坚持统一度量的最好时机。

除了防止诈骗行为，充满活力的私人市场对于确保金融稳定而言也是必不可少的。

公元 1 世纪的时候，古罗马已经了解到货币控制的威力。西塞罗将无限扩张的货币和税收政策称为国家垄断的"万恶之源"。从古罗马到今天，政府通过银行计划（被军方支持）创造并强制推行它们的货币。最精确发挥该能力的国家往往可以赢得历史上所有的战争。

对货币的主宰使得罗马帝国控制了整个地中海地区，罗马帝国发行货币和征收课税。耶路撒冷的教会神父们通过控制罗马货币和教会货币的兑换权，使得教会的工作免于罗马帝国的干涉。很显然，教会对货币的这种兑换和定价机制很难在公开市场中存活下来。

在美国，对于银行业的争论部分是因为托马斯·杰斐逊（Thomas Jefferson）像鄙视控制银行业的神父和国王一样鄙视银行。财富及对货币的控制与社会中一切邪恶与正义的事情都有联系，因为银行业就是社会中其他一切事物的镜像。银行的资产就是社会其他部门的负债，银行的负债也就是社会其他部门的资产。因为生产和金融总是纠缠其中，所以银行无比重要但也最令人沮丧。后面的章节我们将会讨论，金融的世界可以被描绘成一个充满水的大气球。当这个气球被从某个地方推一下，它的反作用一定会在其他某个地方发生。而金融稳定性的关键就在于找出每次的推动到底会在哪里产生回应。

从《申命记》的出版到18世纪这4000年间，胆敢挑战那些通过控制财富来控制国民的人也许只有死路一条。中国的皇帝、秘鲁的印加、欧洲的独裁者和那些宗教暴君都通过垄断财富交换的过程来掌握财政大权并控制国民的思想。

鲜有证据表明这些独裁者会在意他们子民的幸福。只有在中世纪后独立的中央银行出现时，我们才看到银行业的批评者和支持者之间自由而公开的争辩。此后，我们才开始思考如何使用金钱和银行来为所有国民带来福利。

第二章
英格兰银行和苏格兰启蒙运动

在17世纪内战之前的君主立宪体制下，如果有人在英格兰意欲开放金融市场或者为了自己的权益而去触动王权，那么他很有可能会面临严重的惩罚甚至死刑判决。这甚至是冒犯最高统治者的叛国罪。在英格兰，叛国罪可能会被处以公开绞刑、剜刑、斩首以及所有人类所能想到的刑罚。

随后，光荣革命和苏格兰启蒙运动到来了。

18世纪中叶，通过很多非比寻常的事件，小部分来自爱丁堡（苏格兰首都）的精英思想家突然间被允许讨论一切与伦敦的汉诺威国王（Hanoverian）的统治相关的事情。

17世纪，来自斯图亚特王室的苏格兰人查理一世成为英格兰的国王。对他的刺杀行动直接导致了英格兰内战。经过了克伦威尔短暂的独裁统治之后，查理二世又在英伦三岛（英格兰、苏格兰、爱尔兰）登上王座。随后光荣革命爆发了，1688年，威廉姆和他的妻子玛丽（斯图亚特王室成员，查理一世的后代）从荷兰来到了英格兰。威廉姆废黜了詹姆斯二世后成为英格兰国王威廉姆三世。

英格兰的议会拒绝为了威廉姆三世对法宣战而向公民征税。尽管如此，议会借鉴了瑞典和荷兰的先进理念，在1694年创立了英格兰银行（BOE）。英格兰银行的存在使得威廉姆三世可以通过吸收存款来为与法国的战争进行集资。与之不同的是，美国通过发行战争债券为两次世界大战募集资金，随后发行了赤字基金为越南战争、阿富汗战争和伊拉克战争进行集资。

在荷兰，中央银行的存在使得政府可以控制借款规模和降低借入资金的成本。使得荷兰可以修筑堤坝并为在北海围海造田募集资金。

将含盐的海床转化为可耕种土地的过程需要耗费几十年甚至一个世纪。利用中央银行为农田等基础设施的建设集资会有一定的风险（除了"郁金香泡沫"之外），如可能会影响到其他正常的商业借贷。同样，军方的统治者也可以冒着极高风险借助中央银行去发动胜负难料的战争。

在英格兰的例子里，英法大战以及一系列与西班牙的战争从经济的角度看是非常鲁莽的。历史的教训告诫我们没有哪个国家能在战争中全身而退。1702 年，威廉姆去世，最后一位斯图亚特王室成员安妮继位。当没有子嗣的安妮于 1714 年去世的时候，斯图亚特王室的统治时代结束了，其他潜在的继任者就像当时的罗马天主教徒一样不得接近王位。

来自德国汉诺威的候选者乔治一世于 1714 年继承了英格兰王位。从此，汉诺威（后来在德国人不受欢迎时更名为温莎）家族开始了在英格兰的统治。

英国议会没有选择向国民征税来为过去的错误埋单，而是开始着手一系列意图掩盖既成损失的计划，但结果事与愿违。

这其中就包括臭名昭著的"南海泡沫"。1711 年，议会成立了一家垄断英国与南美洲之间贸易的公司，它将英国政府的负债资产证券化，然后出售给那些期待着可以因繁荣贸易而受惠于证券的老百姓。但这只是一个庞氏骗局。

购买债券的人被快速回报的承诺所迷惑，很少会仔细考虑西班牙和葡萄牙对南美的控制权会对公司贸易情况有不利影响，况且英西之间战事频繁。不久，这家公司倒闭了，理所当然地带来了毁灭性的金融危机。

中央银行对收益不断增长的需求压垮了很多在伦敦的公司，同时议会还觉得有必要对主要用于爱丁堡周边投资的预付款收取高额利息。当时苏格兰银行的拥有者里有很多亚当·斯密的朋友。但随着失去利息的来源，苏格兰银行和它的拥有者走向了衰败。

简而言之，英国中央银行的前 50 年对英格兰和苏格兰的百姓是同样的残忍。唯一的好处就是亚当·斯密从他朋友们的失败经验中获得了很多启发，随后他在 1776 年写了一篇关于《如何管理银行》的分析文章，该文章在今天仍旧颇有影响力。

1745 年，尽管发生了金融危机并且城市被来自苏格兰的王位觊觎者（英俊的查尔斯王子）的军队所占领，亚当·斯密和一些其他来自爱丁堡的精英依旧忠于汉诺威国王以及继任者乔治二世。这些精英们没有招惹跟从查尔斯王子一起占领爱丁堡并与英格兰军队作战的苏格兰高地宗族，但是也没有加入他们。

也许英格兰人看到了需要拉拢忠诚的苏格兰人，以此作为与查尔斯王子宗族交涉的缓冲，无论何时，这些苏格兰精英都变成了以启蒙思想闻名的、坚定的、忠诚的反对复辟者，尽管他们之中存在异议。

英国政府开始给那些"圈地运动"的宗族领导者奖励土地，这一政策深深打击了苏格兰高地宗族。领头人通过这样的紧缩性政策获得财富，在今天，有些人为了从 1998~2008 年金融泡沫和危机中恢复经济，也信奉同样的政策。通过断粮来获得财富的疯狂行为在今天的苏格兰部落地区依然可以看到，那里美丽、荒凉、基础设施匮乏且极度贫穷。

在爱丁堡，这群苏格兰精英指导着这座城市的建设活动，包括基础设施、教育、房地产、医疗保险、桥梁、道路、港口和生产中心。受惠于忠诚带给他们的思想和行动上的自由，他们创建了一座美丽且充满生气的城市和可以与在世界上更大的人口中心所诞生的思想相媲美的独立思潮。

在苏格兰启蒙运动中诞生了许多伟大的思想家，他们对美国的殖民者影响深远。美国的国父们阅读过很多他们在爱丁堡写的著作。爱丁堡周边教派之间的相互作用催生了美国宗教与国家完全分离的概念——政府不会干涉公民自由选择宗教信仰的权利。罗杰·威廉姆斯首先在罗德岛上实践了此概念，并随后获得了英国议会的批准。

1776 年，亚当·斯密阐释了联邦储备银行的框架，也就是美联储建立的依据。亚当·斯密不仅描述了国家间的银行和贸易是如何运行的，还强有力地向英国人展示了一种观点，即与前期殖民地区进行贸易往来比在那里强制征税在经济上对英国更有利。当美国殖民地区的独立分子因反抗英国君主而面临叛国罪的处决时，亚当·斯密组织一个委员会劝说国王放弃对独立分子的攻击。

亚当·斯密在《国富论》之前发表的第一篇专著（1790年）里阐释了在"看不见的手"的指引下，达到资源最优配置的唯一驱动力就是善良。他的研究促成了第二次世界大战期间"马歇尔计划"的提出，并解释了国家之间通过赔款惩罚贸易伙伴是不合逻辑也必然是失败的，如第一次世界大战之后，"凡尔赛条约"要求德国的赔款行为。

亚当·斯密还为解释为何国家贸易间的不平衡造成了21世纪前10年的金融泡沫危机奠定了良好的理论基础，也正是该危机最终导致2007年二级市场的崩溃。总的来说，尽管亚当·斯密的经济理论和道德伦理经常被认为是对保守主义甚至自由主义政策的激励，但它们与很多深刻的现代经济理论是并行不悖的，它是古典自由主义理论的根基。

解决很多经济问题的答案往往比造成该问题的过程更单一。正如这本书所探讨的，几乎所有不囿于特定观点或者偏见的人们都会找到解决金融稳定问题的方法。在21世纪的美国，这种方法像在18世纪的爱丁堡一样得到一致拥护。但往往探寻造成金融不稳定的原因才是真正的困难所在。

一旦18世纪的金融危机被研究透彻，就在美国南北战争发生之后不久，解决之道首先在英国进行了尝试。下面让我们首先关注一下美国早期银行业的发展。

第三章

从殖民时期至 1865 年期间的 美国银行业

　　当原先的英属领地最终成为美联邦一部分的时候，它们仍然采用原先英国殖民地法庭中的"普通法"作为审判先例。然而，美国的宪法和成文法却是基于不同于英国的政府形式而建立的。在英国的宪法体制下，国王（后来是议会）拥有绝对的权力，这些权力被一些习惯法中的解释性法则以及混乱的公民选举权所制衡，通过这些选举权如同盎格鲁—撒克逊时期一样，公民（通过议会）在必要的时候选择一位国王。

　　在 1066 年征服者威廉姆入侵并控制英伦岛屿时，欧洲封建法律连同他们的根基《古罗马民事法典》（神圣罗马帝国时期被查理曼大帝在法国推行）被引入英国。同帮助威廉姆征服英伦的诺曼王一样，为了保证对英国王位的家族继承，他采取盎格鲁—撒克逊时期的方法选择官员，通过这种方式他可以逃避封建法律所要求的义务。这种二元思想的相互交织在英国引发了关于宪法的辩论，创造了一段精彩的历史，但是这段历史的跨度和复杂度让其很难重现。

　　在光荣革命后威廉姆三世成为君主时，英格兰人民的投票权才最终被确定下来。尽管上下议院议员的相对投票权在不断发展，但是决议总是被多数人所裁定。

　　1789 年立国之初，美国从英格兰宪法讨论的结果出发，创造了一种新的概念。美国宪法规定，我们是一个拥有绝对主权的国家。所有的州政府和联邦政府的权力均直接或间接地来自于人民。美国宪法包括：美国政府可以运用的权力是人民授予的，除非大多数人提议重新修改宪法；在未经众议并投票之前，人民的权力不能被否决；除此之外的权力归国家所有。

从一开始就存在着关于每个种类法律条款含义的争辩，但只要国家存在，这种争辩就不会停止。美国历史上修宪27次，其中的9次修正都与选举程序和期限相关，其余的与投票权相关。

在联邦政府的所有权力中，分为参众两院的国会拥有所有的立法权。由选举团制度谨慎选出的总统拥有国家的行政权，选举团制度起源于1066年威廉姆一世常用的盎格鲁—撒克逊方法。然而，行政权在宪法当中鲜有定义。司法机构是由终身任命制的大法官们掌控，他们不会减少薪酬——这是在全世界独一无二的制度。

美国将其司法机构作为判断政府是否行使权力的裁决者。这对于金融市场很重要，因为在法律保证人们强制偿还的前提下，债券才有价值。宪法规定，只有国会可以颁布统一适用于全国范围内的破产法。美国既是一个贸易免税地，又是一个货币联盟，在其之内国会拥有对跨州贸易的最终裁决权。美联储的货币发行权和财政部是否发行国债均由国会决定。

因此，不论如何，美国商业中的负债及其估价在联邦法中占有重要地位。令作家、商人、经济学家、会计和金融家欣喜的是，美国人民都具备诉讼意识。成千上万的案件（很多是最高法庭的案件）及对其评价帮助定义了与金融及其衍生工具交易相关的权力。法律本身是无可比拟的。

美国独立战争之前的金融有很多棘手的问题，都是英格兰内战和很多初期英国中央银行试验中遇到的经济问题的映射。当英格兰银行得了"感冒"，美国殖民地往往患上"肺炎"，并且当英国（或者整个欧洲）经济恶化的时候，更多的人移民到美国殖民地。

金融公理之一是：出售票据等同于创造以票据为担保的贷款。因此，殖民地的商人尽量通过交换提货单或其他类似的东西来为贸易集资，而非通过高利率的中央银行。英国政府对这样的交易强征印花税。征得的税收被看作是英国银行贷款利息的替代品，政府通过该方法达到同样的目的。急需运营资金的美国南方农场主们以土地为抵押，向垄断性的英国银行借款，当国王荒唐地要求英格兰银行提高贷款利率时，他们和亚当·斯密的朋友们一样受到了伤害。

正如亚当·斯密所说，殖民主义对英美两国而言都是愚蠢的。自力更生会比成为一片殖民地对美国自身更好（作为贸易伙伴对英国也更好）。尽管经历了很长一段时间的发展，在两次世界大战期间美国作为英国的后援出现，并最终解决了关于英国是否还需要压制和攻击美国殖民地的争论。事实上，两次世界大战期间英国和美国互换了位置，英国从19世纪的世界霸主沦为了20世纪需要在经济和军事上仰仗自己曾经的殖民地的国家。

宪法规定的由一个主权国家及其下辖的一系列州联邦主权组成的政府模式，是世界上唯一被证明在均衡共享国家主权和个人自由方面长期有效的方法。尽管历经尝试，美国依然没有解决金融稳定的问题。事实上，在欺诈与正义并存的自由社会中，财富体量的增增减减似乎是其特点之一。

很多关于首部宪法的争论都在阐释各州立银行与中央政府的关系。如果最高法院默许各州立银行的建立，是否也默许联邦政府建立一个联邦银行。答案是肯定的。因为这对跨州甚至国际贸易以及其他方面的监管者来说是极其有利的。

那么，如果联邦银行打算以破坏州立银行的方式进行投机，那么州立银行可以通过对联邦银行的限制来进行自我保护吗？答案是否定的。宪法规定，如果联邦银行运用它的权力去建立或管控一个银行，各州政府不允许干涉最高权力的运用。

然而，是否应该允许政府运用联邦银行的权力，依旧是一个待讨论的政治性问题。英国中央银行的试验曾让美国人两次放弃建立中央银行。但是在19世纪，所谓的"野猫银行"（Wildcat Banking）① 经历更是灾难性的，银行聚集了很多财富，却毁掉了很多生意。联邦政府终于意识到了，

---

① "野猫银行"（Wildcat Banking）是指在1816~1863年，在没有设立联邦统一中央银行同时没有联邦银行管理条例时，各州所设立的银行机构。该类银行机构受各州法律和规定限制。

不论是英国中央银行模式还是完全自由银行模式，都不能解决投机性欺诈和由银行倒闭导致的财产消失问题。

南北战争期间，林肯发现州立特许银行只希望以被银行家推高的市场利率借款给政府以资助战争。林肯为了避免因中央银行问题而起的第三次争论，他说服了国会创建了私人管理的国家银行体系，在华盛顿特许建立，但是由国家拥有并运营。

很多人认为，联邦政府的胜利像得益于更多更好的生产制造业一样，也得益于其出色的融资能力。通过建立为联盟军提供融资支持的国家银行，林肯接触了很多之前给州立特许银行集资的储蓄者。他还发行了大量纸币，为战争资金池注入更多流动性。一开始反战的州立银行很快发现了迎合战争融资需求的好处。战争融资的成本相对降低了，自此，联邦政府建立了一个国立和州立的二元特许银行。

很多时候二元特许银行都可以引导银行间进行当局政府最不会监管的自由竞争。其他时候二元特许银行的一方总可以正确地找到另外一方的漏洞，并产生更好的管理方式。

1933 年之前，当美国联邦存款保险公司（联邦储蓄保险公司）成为银行储户的承保人和受保破产银行的指定接收人，美国银行史上出现了另一种形式的合法竞争。通过具有投机行为破产银行的接收人与借款人之间的诉讼体现了这种令人遗憾的竞争。

也许借助此类诉讼案的资金平衡，作为银行接收人的法律代表，律师会在处理赔偿那些无辜的储蓄者的集资时运用他们的权力，说服州政府和联邦法官。19 世纪的判例法将银行视为政府"货币政策工具"，某种程度上是因为当时美国的所有流通货币都是由私人银行发行的。尽管如此，银行的接收人依然可以索求银行包括贷款在内的所有资产，不会被已破产银行的任何抵御行为所影响，除非该行为在经董事批准颁布的文本记载中被陈述出来。

在 1942 年最高法院的案件中，一个票据担保人提供了他在破产程序之前已经偿付了被担保贷款的相关证据。因为他不能提供被担保票据，所以，银行接收人被允许收缴被担保物，因为确保银行贷款相关账目的准确性是担保人的责任，正如反对让接收人代表"无辜的储蓄者"一样，担保人不得不两次偿还同一笔银行负债。

因此，当银行破产时，任何拒不清偿的行为在银行接收人那里都是行不通的。直至今天，当美国联邦存款保险公司请律师给银行接收人做咨询时，第一个问题（有时是唯一的问题）就在于律师是否真正理解1942年案件中的相关情况与其背后的意义。

如果未来的律师不能真正体会这个对接收人权力的讽刺性幽默，那么他就不会得到美国联邦存款保险公司的任命。当银行破产时，很多银行会面临成百上千贷款人因被延迟支付的责任债权请求的指责。这些案件占用了高管大量的时间并且衍生出很多法定账单。当法庭指定接收者之后，美国联邦存款保险公司会依据接收者所提供的债权请求申请书，将相关事宜转交给接收者。

在南北战争之后，美国因其法律和经济事宜的相关变动而被赋予了"强盗式资本大亨之名。但在此之前，联邦政府为了治理司法程序的滥用和应对周期性的金融危机，成立了美国联邦储蓄银行和美国联邦存款保险公司。接下来，让我们先回到1866年的伦敦。

第四章

白芝浩原则（又名：格林斯潘对策）

当亨利·沃兹沃思·朗费罗写下以下诗句时，他可能并没有考虑到它与金融市场之间的关系：

有个小女孩

额头有刘海

曲曲卷卷长在额头正中间

听话的时候，她好乖好乖

可调皮捣蛋时真会把人吓坏

银行经营就是有关杠杆的交易。增加负债（例如，贷款和债券），能够放大及增加银行股东权益的潜在收益，以扩大银行资产总额（放给消费者的贷款）。然而，杠杆也是一个额头正中间留着刘海儿的小女孩儿。当杠杆平衡时，银行也会表现很好；当经营欠佳时，银行表现也会随之变得很糟糕。

贷款是建立在信誉及强制执行信托合同的法定资格上的。公开的杠杆，例如，如今中央银行在债务国家的投资明确地体现了双方之间的互信程度。采取透明化制度，公众就可以清晰地了解银行信赖谁、信赖额度是多少。当银行经理欺凌拥有债券和股票资产的投资者、会计师、律师和检察官时，就会隐藏杠杆，例如运用表外负债和影子银行，而非通过公开资料来提升信誉。当隐藏杠杆能够产生正面收益时，它那魔力般的利益纯粹是无中生有。然而，当隐藏杠杆引起损失时，这种魔力就成了摧毁股东利益的恶兽，导致破产，那些未投保的银行存款家们便会遭受巨额损失。而随着这种损失蔓延开来，一场债务紧缩危机将接踵而至。

金融天才们控制了信贷决策，执行重大的投资计划，而这些都是隐藏在审查机制后，并在后来被证实，对机构和投资者来说是致命的决策和计划。银行经营史正是由巨头机构所书写的。19世纪安东尼·特罗洛普的经典小说《红尘浮生录》讲述了一个铁路债券骗子，疯狂投机，最后破产引发的泡沫破灭，彻底使受蒙蔽的推动者们颜面尽毁。伦敦这个城市似乎时时都在上演着上述混乱的闹剧。

19世纪中期，亚当·斯密的思想渗透到伦敦各大银行中。在滑铁卢之战中，拿破仑被击败，此后在整个18世纪折磨着英国的战争和投机模式逐渐消退。1857年的这一场危机席卷了相对繁荣的伦敦，直到一家零售票据贴现公司——欧沃伦格尼银行宣告破产。1866年5月11日，恐慌开始了。然而，这次危机随后又很快结束了，因为英国中央银行——英格兰银行迅速扮演了最后贷款人的角色。

沃尔特·白芝浩是伦敦《经济学人》报纸的编辑（以及发行人的女婿）。随着欧沃伦格尼银行破产所引发的市场信心丧失，中央银行甚至拒绝向不具备优质抵押品的银行借款。结果，银行开始要求贷款人偿还借款，以满足存款客户的取款需求。白芝浩观察到，当局通过向那些拥有优质抵押品的客户公开免费地放款，从而遏制了恐慌情绪的蔓延。

白芝浩以声明或说是原则的形式列举了那些贷款的条约，开头如下：

首先，应该在高利率的条件下发放贷款。这将重罚那些不合理的怯懦行为，并且能够预防大量无此需求的申请人。在恐慌发生的早期应提高利率，以便能够及早支付罚款；在没有支付好价钱的前提下，不会有人未经深思熟虑就盲目借款；要尽可能地维护银行准备金。

沃尔特·白芝浩，朗伯德街：关于货币市场的描述，p. 199

当他谈到"重罚那些不合理的怯懦行为"时，白芝浩考虑到那个年代商品货币制度中，储备金的数量是受到限制的。因此，保持高利率不仅对无真实借款意图的借款人来说是一种惩罚，也是吸引流动性的一种方式，也就是说，黄金重回市场了。白芝浩也认识到，低利率刺激了不良资产配置决策，也就是我们所说的道德风险。然而，在法定货币年代，经济学家采取了相反的态度，即通过无限量的存储金供应消除了吸引资金重回金融市场的需求。

现在看来，白芝浩原则中的"重罚"部分有失恰当。亚当·斯密的"流通车轮"中并没有涉及因贪婪而遭受惩罚之说。不管是什么原因，为保持流通，当财务成本超出要求的最低限度时，肯定会加重社会负担。现在我们认识到，当投资者感到恐慌时流通成本就会提高。偏高的利率水平更能反映出市场的实际利率水平。如果我们希望保持稳定的财务状态，那么即使银行只比市场利率多收一分钱，也将意味着之前被禁止的垄断势力即将崛起。

1866 年，议会授权给英格兰银行垄断权，并允许它为此类贷款收取惩罚性利率。直到 127 年后，美国公司债券市场才成功发展到一定程度，推翻了银行在市场中的垄断权，打破了白芝浩原则及罚款性利率等政策，上述成果应归因于"信贷民主化"。这是由经济学家所称的"信贷民主化"造成的。

白芝浩原则规定了权威机构直到危机消除都应该按照所需放出贷款，但只能放给拥有优质抵押品的公司。1987 年股票市场崩溃及 1998 年紧随其后的长期资本管理公司救助发生后，这一原则被称为格林斯潘对策。格林斯潘大力赞成当危机有发生苗头时，应遵循白芝浩原则，也就是说在危机中应当施以援手。但是，许多人都谴责他的对策恶化了其后的道德危机行为。

凯文·维拉尼注意到，"银行开始依靠格林斯潘对策来发放贷款，为应对危机，他们用金钱冲击市场"（维拉尼，2013）。到 2008 年，系统中日积月累的诈骗行为迫使华尔街投资银行公司——贝尔斯登公司等同于破产的情形。①格林斯潘对策的应用导致贝尔斯登公司步入如此境地，这揭示了美国财务模式的漏洞，而这种漏洞使得美联储对雷曼兄弟的救助机会渺茫，从而导致了有史以来规模最大的金融危机。

几十年后，白芝浩原则向格林斯潘对策转变的不良影响造成了公众对欺诈的恐惧感。如果我们仔细研究一下国家对欺诈的惩罚，会发现补救措施只是在市场不景气时是切实有效的。任何欺诈，即使是无意的虚报，都可能导致证券交易或其他资产交易的废止。当资产贬值时，法院是不会让一个骗子强迫无辜买家接受虚报资产来盈利的。当市场低迷时，废止是彻底解决所有欺诈行为的补救措施。

只要格林斯潘对策能够保证市场跌序不会被破坏，金融资产交易中涉及的诈骗行为也就无碍了。法院并不会为了将升值的资产送还给具有诈骗行为的商家而撤销该交易。作为买家，在被欺诈的情况下，资产依旧升值，何来损失呢？何况要使某资产的价值达到很高的程度更是困难。

格林斯潘对策给人们提供了这样一种预期，即在任何一场危机中市场都能被解救，这便导致了2007~2008年爆发的巨大经济泡沫。当格林斯潘掌管美联储时，越来越多的管理者相信诈骗是无关紧要的问题。在2007~2009年金融危机中，格林斯潘有关诈骗的误解（诈骗能自我修正）使检察官们置众多诈骗案件于不顾，这种错觉愈演愈烈了。

考虑到由这些错误所引发的67万亿美元的巨额全球泡沫，2008~2013年美联储的政策还是取得了很大成效的。然而，我们必须消除欺诈行为，摆脱预期的迷思，以使格林斯潘对策真正持久地维护财政稳定。

现在让我们回顾一下19世纪后期美国的状况。

———————

① 等同于破产的情形是指债务人无力偿还到期债务（它与债务高于资产的法定破产不同，后者的债务人仍旧可以通过募集资金来偿还到期债务）。等同于破产是银行被接管和其他主要金融公司申请破产的主要原因。在经济良好时期，等同于破产的危害就像经常被人遗忘的噩梦一样微不足道，但是美国联邦储蓄保险公司却认为在一场新的危机来临之时，有必要经常提醒银行管理者、律师以及法官它的危害性。

第五章
1865 年至大萧条时期的美国金融市场

战争能够短期内刺激大众对商品和服务需求的增长。内战后的资金重建刺激了银行需求，但并没有达到缓解就业紧缩、从战时生产到和平时需求调整这两个问题。就业机会的缺少使得许多民众无所事事。成千上万历经战争磨砺、不知如何做好普通工作的士兵变得颓废懒散。前联邦支持者们无法转变思想。重建期间，由于北方的占领而产生的敌意，以及其他加剧种族关系紧张的各种限制，这些最终导致联邦政府经历了一段相当窘迫的时期，使得他们对南方再度奴役制度的卷土重来视而不见。一个世纪后，国家严厉重申了 19 世纪晚期出现的种族问题。

在内战和大萧条期间，美国成为了世界经济霸主。"镀金年代"（繁荣昌盛时代，1870~1898）使铁路和工业巨头们，以及为他们提供财力支撑的银行家和检察官大发其财。众多财路建立在对自然资源的挥霍、劳力压榨和安全保障性极低基础上，而且恶意滥用法律程序。一度存在各种离谱的法律先例，各州制定法律放任官员的腐败行为，废除奴隶投票表决权，以更加狠虐的偿债劳动形式替代奴隶制。大多数不满现状、挑战法律条文的人们受到恐吓或被谋杀，而法院在面对残酷现实时却采取了"睁一只眼闭一只眼"的态度。

在财务上，强盗式资本家在金字塔式的信托基金和企业结构的庇护下投机倒把。他们的子公司借用表外交易工具，在将份额卖给投资者时，只上报持有公司资产的净额。劳伦斯·米歇尔说道："在 20 世纪前 10 年，股票市场成为了推动美国经济发展的主要力量，而其发展是受在此时兴起的垄断寡头企业推动的。"（米歇尔，2007）他主张，上市公司的产生促进法制、财务、经济和社会方面的转型。

此时的制度允许资本家们将公司整合，成为新的巨头企业，其目的是制造股份并诉诸市场。企业家们开始从合法的财务操作中谋利，而不是从技术革新、管理、配送和营销等实际的业务改进中盈利。

直到大萧条时期，证券法要求大多数企业在综合的基础上对所有者们负责，并公开子公司产生的隐藏杠杆。本书中稍后会涉及的重要问题是，20 世纪 30 年代后期，合并报表成为金融和工业公司必要的工具，但对于他们所拥有的工业公司和金融子公司来说，这却并不是必需的。因此，直到 20 世纪 90 年代初期，通用汽车公司、福特、通用电气才分别将通用汽车金融服务公司、福特信贷和通用电气金融服务公司整合进他们的财务报表中。

大萧条时期之前，银行家们通过创建银行控股公司，继续将杠杆隐藏在子公司中。控股公司通过创建非银行的子公司来出具由附属银行发行的贷款保证。为了预防子银行由于与借款人违约产生的损失被公示，这种手段使得控股公司资产两头受益。当然，当这种滥用手段公之于众时，很多银行破产了。

那段时间中，最举足轻重的金融家就是约翰·皮尔庞特·摩根。1907年，当恐慌席卷了纽约的银行，他很有远见地将银行家召集到一起，并游说他们提供足够的投资以阻止恐慌蔓延。那时摩根财团实际上相当于美国的中央银行，它并未在纽约证券交易所上市。相反，它使其他银行与零售客户站在一条战线上。容易被忽视的一点是，多亏由摩根财团在 1907 年筹集的巨额贷款，美国钢铁公司才能以大概 5 美分的价钱收购它最有实力的竞争对手——田纳西煤炭、钢铁和铁路公司。田纳西煤炭、钢铁和铁路公司也是再次奴役美国黑人的南方地区最大雇主。此后，该公司的劳力构成几十年都未曾改变过。

几年后，摩根财团举办了一次会议，草拟了创建美国联邦储备系统的法案。这一新成立的实体组织充当了 1907 年摩根财团扮演过的角色——最后贷款人。2000 年以前，该条款很大程度上使得新的美联储很难担任该角色。

当恐慌袭来，从被压榨的银行取出的款项也得有落脚之地。即使把钱放到床下的枕头套里，任何负责任的、充当最后贷款人角色的实体组织都必须收回冻结的资金。然而《联邦储备法》则使美联储无须对支付银行所存的储备金支付利息。但是货币中心银行（例如，摩根银行）则被允许对多种多样的银行间筹资机构支付利息，使他们在面临财务压力时具备一定的优势。结果，流向银行的剩余储备金继续安然无恙地流向如摩根财团一样的银行，而不是美联储，这正是白芝浩原则的写照——为吸引流动资产重回市场，要保持高利率。然而，在白芝浩那个年代，他想用黄金去吸引资产重新进行流通，而黄金又受到银行支付的高存储利率吸引。在更加高额的存款准备金基础上，银行能够扩大他们的借款额，这也是 19 世纪，英国中央银行模式僵化的真实写照。

一个世纪前，美联储只能通过资金短缺的银行来刺激商业贷款，银行能够获取符合回购协议的资产。2008 年前，为了进一步稳定整体资金供应，美联储意识到为了获取资金救助处于弱势的机构，其只能对其他机构要求更高水准的储备金水平。

对银行更高水平储备金的需求，不仅不正当地减少了稳健银行的盈利，而且增加了边际银行的流动性需求，刺激产生更多的流动资金需求。因此，美联储避免支付存款利息，有以下几方面的作用：在危机中限制稳定银行的能力；增加了摩根银行（及其伙伴）在危机中盈利的潜在性。但是，抵制美联储支付银行存款利息的想法，使得有效改革延迟了近一个世纪。即使是今天，众多观察家对美联储支付银行存款利息的这一想法仍感到愤怒，虽然在解决 2007~2008 年的危机中，对那些理解此程序的人来说，这种机制产生的系统效益显而易见。

40 多年前，米尔顿·弗里德曼便认识到允许美联储支付存款利息的必要性。美联储最终说服了议会，使之在 2006 年支付存款利息，自 2011 年起生效。幸好，不良资产救助项目法案将生效日期从 2011 年提前到了 2008 年秋。这样做使美联储能够吸引储备金来购买和持有财政部证券及按揭抵押。这样，作为使用量化宽松的低利率机制的一部分，长期资产的市场汇率受到了影响。

2008 年第一天，美联储能够通过支付利息吸引额外储备金，一些中心银行显然低估了美联储能够吸引的储备金数额。结果，当天交易结束后，银行的隔夜资金回购利率在这一天出现了小高峰。这一高峰也意味着，当融资窗口关闭时，一些银行意识到了自身的不足。

第二天，银行就修正了这种错误想法。由于其需要同美联储竞争来吸引资金，银行开始将发行利率等资金账户信息纳入考虑范围。

2008 年后，美联储与货币中心银行进行竞争，它通过获取资金筹集权，使其作为最后贷款人的角色牢不可破。通过量化宽松的策略，美联储购买无风险的金融资产，同时也提供现金给那些能够稳定证券价格的银行。

在美联储不断调整自身投资组合的同时，也显示出了投资者心理的良好改善趋势。美联储具有调整准备金利率的能力，因此它像所有银行一样仅通过调整自身存款和隔夜回购协议利率就能够满足管理日常融资需求。如果没有调整准备金利率的能力，就要根据需求的程度采取相似的措施，在不良资产救助计划引起不同寻常的问题前，阻止资产在全国范围内的流动。

这种对美联储权力的限制是众多金融案例中的一个，这些案例中看似合法的技术问题却能够对经济整体产生影响。当美联储担当最后贷款人时，所有正常的市场反应都消失了。因此，美联储必须参与到一项庞大的活动中，以转变市场认知，发挥其稳定市场的作用。

举例来说，这就是为什么，在 2009~2012 年（美国是在 2011~2013 年财政预算之争期间），欧洲国家相互牵制而导致卖空（卖空者）的问题出现后，当中央银行家们宣告他们将竭尽所能去稳定市场时，这场危机才被平息下来。金融监管部门具有无上权力——印刷钞票、制定打消卖空者成功念头的决策，所有的卖空最终只能暂时地通过媒体炒作来恐吓他人，但金融监管部门也只有在平仓时才能这样做。

　　19 世纪，擅长向股份掺水的强盗式资本家告诉世人，当信心崩溃时，中央银行向市场提供流动性是很有必要的。资本家丹尼尔·德鲁总结了卖空者在此种情形下的问题："那些贩卖非自己所有资产的人，必须重新买回资产，否则就要面临牢狱之灾。"当交易规模较小时，罪犯不太可能真的被关进监狱，因此投资者在遇到违法行为时要起诉。在一场金额巨大的交易中，即使一个很小的法律问题，对投资者甚至是整个社会来说，都能够引起灭顶之灾。

　　综观美联储在大萧条之前和大萧条期间扮演的角色，1925 年，美国最高法院做出的一条决策，在很大程度上阻止了美联储使用白芝浩原则。路易斯·布兰代斯应该是法庭上最有权威的学者，他提出普通法中的抵押品承诺"最终要归咎于诈骗"。这项决策意味着，在破产清算过程中，如果抵押行继续偿还借款，那么破产清算人对抵押品的处置权优于美联储。这个决策在法律领域引起了激烈争论，杜绝了之后的具有诈骗性的不完全销售和资产抵押行为的产生，并在美国使个人信贷建立晚了 30 多年。下面是布兰代斯决策的相关部分：

　　　上面所陈述的以及由资产管理者所行使的规则要么依赖于，要么受限于表面所有权主义，这是不准确的。并不是因为持有财产就依靠表面上的所有权，而是因为持有管理权才依靠所有权。最终这要归咎于诈骗，专有管理权同实际名义转让权及抵押权具有不一致性。

　　布兰代斯站在激进派的立场上，反对那个年代盛行的商业实践，该决策动摇了商业金融基础。在本尼迪克特·V.拉特纳看来，放款人会隐瞒和编造抵押承诺。他发现整个过程非常不透明化，因而也不能为未担保的放款人失去权利的行为做出合理辩解，而受到借款人青睐的放款人则会持有实体组织的全部流动资产。在众多案例中，这样的承诺阻碍了借款方的高效整顿及随后的工作保护。

　　布兰代斯也注意到，不完全的资产销售同样地"最终要归咎于诈骗"。不能完善出售给另一方的真实资产是导致 20 世纪 80 年代储蓄及信贷危机和 2007 年开始的次危机问题的一个重要因素。1933 年的证券法体现了布兰代斯关于公开金融信息的观点。本尼迪克特决策被称为"人民的律师"，对法官来说是更大的困惑。后面我们将重申这个观点。

就在 1929 年股市使美国最高司法委员会崩溃的 4 年前，委员会中一位最受崇敬、思想最为激进的法官，承认普通法中的抵押承诺"最终要归咎于诈骗"。那时，在联邦储备金小组中的所有成员，在进展项目贷款之前，将要求一种不完全的"充分信任和支持"，并且完成布兰代斯所要求的每一步骤。布兰代斯对财务问责制度的支持，使美联储和私人贷款者在制定这一决策后的几十年里，在向美国经济体提供信贷方面，变得无能为力。

事实上，为处理布兰代斯法官的疑虑，并保证美国破产和破产管理程序能够支持银行和其他实际债权人提供受担保的贷款抵押，人们可以结合运用《统一商法典》、《破产法》、《统一诈欺转让法》这三大之后不复存在的法典。幸运的是，到 2008 年，所有的混乱都得以平息。美联储接受了抵押承诺，并运用白芝浩原则，将不受限制的作为美国最后的贷款者而存在。

20 世纪 30 年代，美联储还是相对薄弱的组织，但在伯南克的领导下并未犯下错误，就是因为它应用了 1925 年布兰代斯决策以及具有通过支付利息吸引额外银行储备金的能力。当时，美联储还不能保证及时补充足够的流动性于市场。美联储又能通过债券这类直接融资方式来救助其他政府机构，而联邦存款保险公司又能通过提供担保贷款承诺和联邦发行国债这种长期工具来恢复银行的影响力。

当隐藏在之后的投机行为显露出来，借款人无法通过再担保融资时，在 1929 年股市崩溃后，20 世纪 20 年代的兴旺发展戛然而止。按照法律，美联储不能通过支付利息的方式吸引那些停止贷款的银行所囤积的资金，或是继续从一般的贷款抵押银行那里接受一般贷款抵押（正如白芝浩原则所说明的）的方式去稳定系统。直到 1940 年，为了满足制造业在即将到来的"二战"中的融资需求，议会才最终通过了一条法律，允许银行将美国政府的应收款项，作为贷款抵押提供给战时的制造商。这项进展也再次说明了该政策的复杂性，只能用于很庞大的活动中。

一些有先见之明的管理者能够及时转变策略，以避开 1929 年大崩盘的灾难后果。例如，通用汽车在 1920 年解雇了它的创始人——威廉姆·杜兰特。1923 年，阿尔弗雷德·斯隆代替了杜兰特，将公司结构调整为壁垒式，使其在"二战"中成为了国家民主的壁垒。福特汽车公司在不景气的几年里都经营不力，相反，斯隆的通用汽车公司在大萧条时期，只有一年亏损，并且生产了战时所需 10% 的货物。

通用汽车在交货时让经销商立即支付汽车的全部款项，并且通过它三A 级别的金融子公司——通用汽车金融服务公司，给经销商提供购买贷款。另外，通过零部件送货后 180 天内支付供销商的政策，通用汽车能够利用累积的付款款资修建工厂，并满足短期资金需求。事实上，斯隆的高明之处在于，他了解杠杆的力量并能适当利用，而福特仍然在现金的基础上操作，直到 1927 年被迫模仿通用汽车公司，它才为客户提供信贷。那时通用汽车公司的规模已经远远超出了福特，福特只能与通用旗下的品牌——雪佛兰相提并论了。

通用汽车公司和它的主要供应商们金融实力雄厚，即使在最高法院判定抵押"最终要归咎于诈骗"后，银行仍然非常信任通用汽车，将应付款项作为贷款抵押。但是今时不同往日了，20 世纪 80 年代，伴随着由储蓄与信贷危机而引发的萧条，1993 年，通用汽车公司在几周内就宣告了破产。2008 年市场崩溃，通用汽车公司不得不破产重组，这也是在不良资产救助计划的法律制度下，政府在几大银行间进行可靠投资的结果。

1933 年初，大萧条中的银行崩溃由底特律开始。当亨利·福特公然挑衅胡佛总统，并威胁说要将资金从工会监护信托公司和其他银行中撤走时，密歇根的州长威廉·康斯托克下令将 1933 年 2 月 14 日作为银行休假日。在康斯托克法案发布和富兰克林·罗斯福上任间隔的两周中，三十多个州效仿此举，关闭银行。一连几周银行都闭门歇业。那时罗斯福总统说道："除了恐惧本身，我们别无所惧。"

大萧条对底特律的影响如此之深，直到现在仍然可以看出来，虽然这并不是底特律 2013 年宣告破产的直接原因。大萧条鲜为人知的灾难性后果将在下一话题的探讨中再次被提及。

第六章

1929~1973 年：反映在金融方面的萧条、战争和创伤

1 929 年 4 月，一辆黄色出租车载着华尔街知名投机商威廉姆·杜兰特驶进了白宫，据厄尔·斯帕林（Earl Sparling）1930 年的叙述，那是在晚上九点半后，并且这个访客没有任何预约。在向白宫工作人员及胡佛总统的私人秘书解释了事情的紧急性，严格意义来说是机密性之后，这位访客被带到了二楼的书房。过了片刻总统出现了，并且倾听了这位华尔街最伟大的投资商之一的警告：美国历史上最严重的金融恐慌即将发生。他警告总统，除非强制停止美联储削减经纪贷款和抵押贷款的企图，否则一场危机将不可避免。

当然，在 1929 年初，美联储并未停止对华尔街信贷资源的相关限制。在金本位制环境下，美联储感到一种不得不继续限制信用的压力。截至 5 月，杜兰特所警告的危机已初现端倪，而且将会发展成为巨大的风暴，并在 1929 年的 10 月和 11 月达到顶峰。

杜兰特，一个明智的男人，在他与胡佛总统会面结束后的第二个月，他已航行至欧洲开始了漫长的假期。这个对市场了如指掌的大师知道未来将要发生的一切，甚至在和大工程师见面时也进行了预测。尽管在 20 世纪 20 年代他失去通用汽车公司的控制权后几乎跌入谷底，但是一贫如洗的他还能进行股票交易，并在大崩盘的最后一次崩塌之前驾驭最后一波孤注一掷的投机浪潮。

据记载，美国最高法院对本尼迪克特案做出判决，无论是作为贷款附

属担保品的抵押品还是卖断，不完全的资产转让"明确判为诈骗罪"。在这一判决之后，1929年的股市大崩盘只发生了4年。这意味着，像美联储这样的借款者将不愿为问题银行提供贷款。国会又花了4年时间成立联邦存款保险公司，在1933年银行休假日后成为存款保证者和破产的联邦担保银行接收者。

当罗斯福1933年3月上台执政（之后由于1933年初的事件，总统就职日变更到1月）时，大多数州已宣布银行休业。在就职当日早晨，底特律银行控股公司，这家为福特公司（以及它的许多供应商和雇员）提供服务的银行负责人向罗斯福申请破产清算并且关闭这些银行。此后，同样地为通用汽车公司提供服务的银行控股公司在几周之内也申请破产接管。

在世界范围内拥有供应链和设备的汽车公司，是美国最大的雇主。在两周之内，密歇根州90%的银行资产处于破产保护。工人的工资不能兑现，供应商的款项无法结清。由于"镀金时代"的过度投机，20世纪20年代中期佛罗里达房地产市场因过于集中而开始衰退，伴随着其所带来的影响，美国立法者（州和联邦）未能正确认识并处理好这一影响，使这个美国的制造业中心沦为了"金融垃圾桶"。

截至1933年，汽车产量大约是20世纪20年代末期产量峰值的30%，直到1949年才能恢复危机之前的汽车销售水平。为了支持战争，1942~1945年的国内汽车制造全部停止，后来恢复生产，一开始是为了战争而后用于私人用途的卡车代替了大部分轿车。

20世纪50年代，底特律的三大汽车巨头控制了93%的国内汽车产量以及48%的世界产量。在20世纪70年代早期，国内产量达到峰值，几乎是1929年的两倍。然而很快，进口汽车占据了更大的市场份额，外国制造商的美国分公司开始在美国建造新的、更高效的组装工厂。

在大萧条以前，底特律是一个前所未有的工业增长城市。1910年，大约10000台汽车在这里生产，到20世纪20年代末，全部汽车组装量已超过了400万辆。1910年向合适的底特律商业每投入50美元，1929年就能为投资者带来百万美元计的净利润。从20世纪20年代到50年代，为了满足工厂的员工数量，通用汽车公司在美国乡间广泛搜寻雇员为其工作。

1933 年，为了满足其各自公司的票据清算业务需要及公司、雇员、经销商和供应者的其他银行业务需要，福特集团和通用汽车公司分别在底特律成立了控股银行。这将会花费数年的时间，来处理 20 世纪 20 年代结束后密歇根州由于银行帝国的失败所造成的大混乱。

在罗斯福就职后的 6 个月，密歇根州通过了一项法律：禁止银行控股公司和它们在密歇根州的分支银行的行动。这项法律使得密歇根州的任何商业合作都无法获得哪怕一股的银行股票，而这项禁令一直持续到 20 世纪 70 年代。因此通用汽车公司把它所有控股银行的底特律分支机构分拆给了股东。通过 1996 年的并购，这家银行最终成为了芝加哥最大的银行。在和美国第一银行合并之后，这家联合银行成为了摩根大通的一部分。之后福特银行更名为联信银行，现在其总部设在得克萨斯州。

如果 1933 年通用汽车公司的股东是在密歇根州做生意的公司，毫无疑问，它们也会被迫出售或分拆它们的银行股份。美国周围有许多汽车巨头的供应商和客户，因而联邦银行法律应当要求银行与商业相分离，这一被广泛推崇的理念，它的蓝本便来自密歇根州的法律。在密歇根州解除禁令后，西尔斯罗巴克公司对借贷事业的介入，用事实证明了分离理论从未被列入联邦法律。

在 1929 年股市大崩盘和 1933 年联邦存款保险公司成立之间的这段时间，尽管 1913 年的法律创立了美联储，立法使其能够提供弹性通货来稳定金融，结束阶段性金融危机，满足国家对此类金融机构的需要，但它仍不对州立银行提供破产接管，破产的州立银行由州内接管人接手。

成千上万条关于大萧条的评论归纳了几乎方方面面的原因，从当时错误的经济理论到"一战"期间领导纽约美联储的本杰明·斯特朗在 1928 年的死亡，都成为了大萧条的原因。但是试想如果美联储选择像 1866 年伦敦伦巴第街所做的那样，它将会面临巨大的实践和法律障碍。英格兰银行的代理机构曾查阅相关资料确定哪些银行可以借贷，哪些仅由法律和票据本身进行担保。银行继续募集质押贷款，并把它们抵押给英格兰银行。通过支付银行所要求的健全利息，使这些银行能够满足系统的流动性需要而借出款项，英格兰银行便能够吸收它所需的资金。

20 世纪 30 年代初，美国 1929 年的危机席卷了整个国家，不仅局限于纽约华尔街这一小部分。尽管在其他城市有区域联邦储备银行，但是各地的银行仍急需资金。一部分受影响的银行遵从联邦法律，但是大多数仍由州管理，并能在抵押品不足以应对破产时，提前动用州合法破产接收者的力量。"巴杰特宣言"不仅要求充当最后保证人的银行提前并且只准备商品抵押物，而且还说明应当采取惩罚性税率从而保证隐藏在市场之外的资金能够被收回。那段日子里，由于金本位制，中央银行无法按照自身意愿来扩大其资产负债表。

尽管美联储尽全力使美国银行恢复元气，但在处理要破产的借款时，银行仍要处理借款抵押，这种情况下州破产接管者成功处理借款抵押后会不会也因此破产？如果确实如此，美联储将会成为另一个破产银行以及一个具有惩罚性利率的无担保的债务。如果从 20 世纪初美联储和政府财政所采取的思路出发，州接管者所带来的问题会更严重。

从现在的角度看，一个世纪以前面对破产的银行债主，州立法律倾向支持存款者这一点并不稀奇。事实上，保护存款者利益现在也是美国法律的一部分，并且现在被建议采纳进正在计划的欧洲银行改革中。这个条款的目的在于保护存款者的权利（接管者继承）不因银行需要支付其他债权人而被稀释。以美国为例，1989 年后破产银行的存款者权利要优于其他所有未经担保的债权人。

直到 1933 年，如果一个州立银行的接管者指控美联储的抵押担保接收是"确凿的"诈骗（1925 年美国最高法院判决），这个案件可以由被推选出来任命接管者的州立法庭进行重新审理。如果接管者的上诉被接受，法庭的判决将把急需的联邦资金转移至破产银行所在州的存款者手中，从而导致美联储的资金流失。

总之，在 1933 年以前，从贷款人法律顾问的角度出发，很难在那种环境下说抵押担保品不存在破产风险。这个问题在本尼迪克特主张中被提出，并在州与州之间口耳相传。

美国最高法院宣称当 1929 年股市大崩盘发生时，抵押担保"明确归为诈骗"这项通用法律只不过实行了几年而已，然而每个金融律师都对这一点存在争议（普通律师也如此）。即使担保品按照正确程序被抵押，也很难保证，哪怕全国各地中间商都已收到担保凭证，担保行仍然充当贷款人并为担保方募集款项。只有 1978 年的《破产法》和《统一欺诈转让法》的实行才解决了这个问题。今天《统一欺诈转让法》对于任何事先对接受欺诈性转让不知情的预付基金的债权人或债务人，都视为拥有资产预付款处置权的担保债权人。

在 1929 年，如果美联储允许银行随意募集担保资产，那么会在当时引起更大的争议。随意募集担保资产，这项授予美联储作为最后担保权利的处置权就银行存款者而言具有完全欺诈性。简而言之，美联储会损失一家困难重重的银行的全部贷款。

扪心自问，如果你是 20 世纪 30 年代联邦储备系统的一名官员，在那种环境下你是否愿意将在当时几乎等同于美联储 4 万亿美元的资产投放市场？而且，就算美联储克服了法律障碍能够接收适当担保品，它要从哪里取得相应的资金？直到 2008 年，美联储仍未具备通过支付利息来从银行吸收超额准备金的权力。

这个事实也许能解释为什么尤金·迈尔，这位 20 世纪 30 年代初美联储稳重的领导人（他后来购买了在 1933 年破产的华盛顿邮报并使其恢复正常），在大萧条时期支持扩张的财政政策（赤字支出），而不是动用美联储来达到相似的结果。如果政府借贷和支出过大，美联储可以通过印钞来购买新的政府债券和支撑这些费用来提供流动性，而无须担心银行接管者损失现金的风险。

如果没有扩张的财政政策，大萧条时期的美联储将无法扮演在 1913 年被创立时法律上所赋予的最终贷款者角色。

罗斯福在 1932 年的总统竞选期间明确表示反对赤字支出以及任何联邦存款担保行。花了几个月时间忽略胡佛总统联手阻止愈演愈烈的银行危机的请求后，罗斯福在就职时完全改变了他的路线。

1932 年初，复兴金融公司的杰西·琼斯与罗斯福取得了联系，使罗斯福在选举前清楚地认识到银行危机的范围及规模。在向国会提交新的法案之前，他就通过著名的关于银行休假日的"炉边谈话"向国内忧心忡忡的民众表示：在银行休整后，只有健全的银行才会重新开业，客户的存款将会得到保证。

2008 年，布什总统和奥巴马总统以信誉为证选择了一条不同的道路。他们立刻全力合作来解决金融危机。

我们无从知道 1933 年保障贷款的法律障碍是否促成罗斯福改变他的路线，转而支持一个更为大胆的财政政策。在罗斯福第一任期内的最初几个月里，国会通过的一系列法律改变了所有局面。除了暂停金本位制，新政的支出政策允许美联储通过购买联邦债务来扩大资金。另外，新的银行法案还消除了美联储从被保证行接收抵押担保物时所附带的法律风险。

美联储在接管问题银行前后可以安全地对其进行改进，因为除了保证存款，1933 年法律使联邦政府的代理机构——联邦存款保险公司成为破产被保证行的唯一接管者。因此，由于中央银行无须再处理州银行接管者，美联储所有关于促进健全资产担保物的决策都变得容易起来。

随着联邦存款保险公司成为联邦保障的州立及全国银行的唯一接管者，美联储统一了国内的接管标准。由于人们在联邦存款保险公司会为他们的行动（仅在被美国联邦存款保险公司所承认的情况下）进行补偿这一前提下，出现了任何收款人都能向美联储质疑附属担保品这一让人感到不可思议的情况。使用清偿力测试，健全的银行可以使用美国联邦存款保险公司被保证存款来重新开业。不能满足联邦存款保险公司保险要求的银行会由复兴金融公司进行结构调整。

通过这些改革手段，在 1933 年，美国有效地使全部银行国有化。随后的 20 年里，美国银行变得小心翼翼、极度厌恶风险，从而在大萧条期间经济文献上几乎很少有有关银行风险的记载。关于银行的公共记载全在政府托管保护状态下的区域银行，这也说明了当时信用延伸受限的格局，这一格局使得美国如刺在喉。

例如，一家位于中西部的全国银行已经使成百上千的地方银行回归地方所有，而在 1929 年之前，联邦存款保险公司已在商业贷款上投资了其大约 80% 的资产。当接管人在 20 世纪 50 年代终于把银行控制权归还给所有者，50% 的银行资产已变成保险库里的现金；大约 40% 用于投资联邦政府、州及地方债券；仅 10% 是商业和大众贷款，商业和大众贷款下降了87%。在随后的 20 年里信用萎缩的趋势并没有得到改善。美国用了 20 年的时间来培养大量的贷款专员，从而使银行重新变为通过吸收存款为民众提供信贷服务这样真正的商业银行。该例子也解释了美国政府采取信用扩张这一唯一能拯救美国大萧条的举措来弥补"二战"支出和战后欧洲与日本的重建费用的原因。

尽管布兰代斯大法官在关于公开性和流动性方面的认识被认为是绝对正确，但他于 1925 年在本尼迪克特（Benedict）案发表的意见为当时的市场蒙上了一层阴影。1940 年美国《转让索赔法》的通过才保证了银行能以政府合同责任为担保发放贷款。该法案有助于罗斯福租借法案的成功。然而，1941 年地区政府关于解决法律问题的诉状，依旧说明了贷款者在得到政府支付受让行的保证之前，必须恪守每一项细节，否则地区政府仍然可以拒绝接受处理任何问题。因此，美国花了 4 年之久才制造出诺曼底登陆战役需要的物资，这一状况也就不足为奇了。所以，美国的工业只能获得很少或根本不能获得信贷支持。

即使是在"二战"期间，联邦政府一直担忧如果有其他的政府机构向承包商或贷款人索赔，都将会遭受资金损失。这些索赔本该在向承包商的担保债权人寄送资金时就被解决。在私人合同中，这些问题一直存在争议，直到 1951 年《统一商法典》第一次被采纳通过，在全美境内终于创造了一个可行的折中办法。

从 1933 年起，政府监管者、破产接管人及银行家都完全依赖于美国政府的支持才能得以生存，它们压根就不打算承担风险。同样，借款人也拒绝接受贷款。20 世纪 20 年代，35% 被抵押的住宅在 20 世纪 50 年代被取消赎回权，统计范围的 50% 住宅位于底特律区域。在 20 世纪 50 年代和 20 世纪 60 年代的底特律，房主进行抵押贷款是非常稀奇的一件事，因而到了 20 世纪 70 年代，他们逐渐发现在美国的其他城市中，他们已经很难适应当地自由宽松的抵押贷款政策。

大萧条时期对抵押贷款保险商灾难性的影响，使得监管部门在 1950 年以前完全关闭了商业活动。终于，一个非常睿智而具有远见卓识的人——马克思·卡尔，创立了储备/投资模型，从理论上为战后抵押保险行业的重振提供了可能。

随着《统一商法典》为私人银行重新进入担保商业贷款打开了合法之门，在大萧条时期，Q 条例（该条例设定了银行最高存款利率，以防止当流动性需要提升时银行为募集资金自行提高存款利率）这一利率控制条例被强制要求实行，使荒唐可笑之处凸显出来。当存在流动性需求时，一个银行如果不能通过提高利率来增加存款，又怎能安全地实现贷款规模的扩张？再者，当银行由于政府的一时决策而失去资金来源时，又有哪家企业愿意进行借贷活动？

虽然放松管制产生了许多违法与滥用的行为，但是 1971 年两党总统委员会的一份报告恰好提出了一个正确的观点：若美国经济欲显著增长，必须结束大萧条时期的银行管制。其关键是在容纳和支持自由社会的杠杆比率、增长、透明度和信息披露之间建立完美的平衡。总统委员会最基本的建议为建立自由公平无障碍的金融竞争场所。

建立公平竞争场所意味着消除信用管制、大萧条时期限制所带来的垄断，以及无须联邦保证或者超额利率就能吸引投资者的新投资。垄断可以由 "3-6-3 规则" 来阐释：20 世纪 50 年代和 60 年代的银行家以 3% 的利率来吸收存款，以 6% 的利率贷款（但仅针对不需要它们的客户），到了下午 3 点的时候，银行家就已经在高尔夫球场上了。

人们在放松管制的 40 年一直跌跌撞撞，蹒跚前进。扫除金融竞争的障碍曾引起错误和完全欺诈的行为，这让诚实守信、遵从规则的人们无法忍受。直到 1983 年，市场参与者研究出一种非常有效的模型——分离的抵押担保债券（简称 CMO），通过风险溢价来吸引资金，使投资抵押的住宅建筑商们无须再依赖储蓄业。又过了整整 10 年，才再次变革开辟了另一个消费者信贷市场。整个变革的过程既复杂又危险，但是也没有人愿意把美国变回 20 世纪五六十年代那个高度管制、缓慢增长的银行世界。

第七章

早期的放松管制：改变萧条时期通货紧缩局面的交易

直到 20 世纪 70 年代，《统一商法典》（UCC）才刚刚被美国所有州通过执行。但路易斯安那州依旧顽固地拒绝改变其绝大部分法律，继续实施拿破仑法典，直到 1990 年，它才最后一个通过《统一商法典》。路易斯安那州只承认不动产抵押和动产抵押，不承认无形资产抵押，即应收账款、贷款以及契约权利等金融抵押品不可用来抵押。

美国最高法院曾于 1925 年对本尼迪克特意见进行判决，因为资产抵押"明确认定为欺诈"，因此禁止资产抵押，《统一商法典》第 9 条解决了上述问题。依靠联邦法律对吉利美权证持有者权益的保护，1971 年，它成功地发行了大萧条后的第一只抵押支持债券。由于吉利美只发行由其他联邦机构所担保的抵押支持债券，它良好的信誉和偿还投资者借款的信用保证让一切怀疑其安全性的声音都安静下来。

吉利美在构建其规划时对法律细节给予了充分的关注。抵押出售服务商必须提交适当的抵押票据背书，以及一份在与吉利美签署保证书前需要出具的、证明所有物品和留存监管权、完备的托管人的相关文件。由出售商出具，审计师进行证明，一切保障都会使得吉利美免于取得有瑕疵的贷款，贷款商被牢牢控制住。

吉利美的新型债券为退伍军人管理局和联邦住宅管理局的抵押及抵押发起人提供了很好的参考范例。

很快，房利美（联邦国民抵押协会）和房地美（联邦住宅贷款抵押公司，简称 GSEs）仿照吉利美的范例进行了微调。它们的债券设立了类似的条款，使 GSEs 从银行、抵押贷款银行家以及储蓄银行购买的抵押合规化。1973 年，除非有一个相似的新产品能为这些贷款的私人发行者打开新大门，否则一个不规范的抵押会因价格过高而被挤出市场。

当不合规贷款业的大公司决定发行其拥有的抵押支持债券时，评级机构、投资银行家以及为他们提供咨询服务的律师们就会抛出一连串的问题，防止其与房利美、吉利美和房地美之间竞争。所有这些问题都与 1925 年本尼迪克特认定不完全抵押和资产出售为确凿欺诈行为的判决有关。

当一大群律师聚在一起开会为他们的客户寻找解决办法时，一个名叫弗莱德·菲尔德坎普的年轻律师天真地举起了手，他认为《统一商法典》的第 9 条可以为抵押债券的担保问题提供一条解决之道。但是，作为对他天真想法的回报，他被勒令在其律所的图书馆里闭关六个月，仔细地、逐字逐句地研究对其客户关于不合规抵押债券概念的驳论。

事实上，《统一商法典》解决了大多数人的忧虑，但仍存在一个问题，那就是处于担保状态的一方是否允许无限定还款条约的债券发行者收取债券的本息。抵押人须给服务商付款，而服务商却可能解除按揭并且让抵押人卖掉财产，却不对承押物付款。弗莱德的提案消除了这种可能性。随后的美国破产法明文规定，服务商有权出于募集目的保持对抵押物的所有权，而无须授权给其他抵押服务商。

虽然潜在的抵押人和服务商之间存在跨国串通欺诈的可能，但评级机构依然对其进行评级，评级机构认为，只有当以上的少数几个例外发生，客户的交易才会被取消。所有的合同方都深知，评级意见需要排除国际诈骗并在这方面给特定的销售服务商授信。

1973 年是交易之年，是大萧条的阴影终于退去的一年，是非银行融资迅速发展的一年。从这一年起，美国走上了迈向新体系的道路，这一体系在今天能有效地支持信用与交易向私人领域扩展，从而保证持续的金融稳定。

在一个自由的社会里，总会存在欺诈的问题。虽然美国法律建立了健全的通用筹资流程来消除那些伴随着垄断势力，如金融、政治或宗教势力的欺诈威胁，但还是无法完全拒绝诈骗货币兑换商们进入公开市场。若市场透明度像革命者布兰代斯大法官所希望的那样，健全的结构终将战胜欺诈的风险。在一个具有持续金融稳定和相对市场均衡的国家里，虚假的交易将无利可图，诈骗者们将被驱逐出市场——因为它们濒临破产。

在 1973 年后的 10 年里，《美国破产法》和《统一欺诈转让法》规定，向其提供服务并不能作为否认事实抵押的依据，在对欺诈行为不知情的情况下进行转让从法律上被视为担保贷款。这项规定有效地保护了无辜受让人的权益。虽然 1925 年最高法院的判决仍把不完全出售视为确凿的欺诈，但是通过强制要求对不完全转让担保贷款（无论有无追索权）标准的如实记录，有效地提高了审计透明度。

因此，不完全出售不能被当作表外负债处理。20 世纪 80 年代后，人们刻意模糊真实销售和担保借贷之间的区别来逃避会计和资本管制条例，这些规则变得尤为重要。然而，销售和借贷之间界限的模糊引发了 2008 年美国史上最大规模之一的金融机构破产事件。

第八章

无风险套利
——分离的抵押担保债券

随着管制的进一步解除，垄断——这个被创造出来以缓解大萧条以及削弱轴心国利益的事物，它的作用逐渐消失。公平竞争的金融市场环境开始在美国的贸易市场及其贸易伙伴之间萌芽。然而，在没有新的能规避风险的交易结构引导新的参与者进入市场时，加之存款保险制度的某些特点，都阻碍了公平竞争的金融市场的发展，不足以满足美国资本市场的需求。

在所有的贸易中，无风险套利可以促进市场由垄断转向竞争。如果一个当地的垄断者提高价格或者利率，那么当外来者可以在其他任何地方用更低的价格将商品（或资金）带入这个垄断者的市场，并无风险地以比垄断者更低的价格卖出商品时，垄断者的利润就会受到削减。因此，在金融领域创建一个真正的标准的关键，就是创造一个绝对安全的、可以使新的资金资源自由发展并且可以与原来的垄断者进行竞争的无风险套利机会。

当我们提到大萧条的后遗症持续了将近半个世纪，很多人会感到惊讶。但从信用创造和私营部门的发展来看，这的确是事实。"和传统观点相悖，罗斯福的新政并没有把经济从大萧条中拯救出来"，专栏作家桑德斯说，"它史无前例地导致了第二次世界大战的筹备工作，'二战'引起国内的巨大变动，这次变动改善了美国经济的全貌，创造了'战后'繁荣"（桑德斯，2014）。

这就是媒体创造出的"二战"和冷战时期这个神话的力量。战胜国的少数民众意识到，正是那些加剧冲突的政府支出（在以后这些政府支出又用于重建）促进就业市场的复苏和"二战"胜利后30年的经济发展。尽管战争本身浪费了大量的人力和物力，但是那些用于重建"战后"欧洲和日本的大量花费，以及在冷战中军事和技术方面的发展，为美国与其盟友提供了充足的资金流动性和经济刺激因素。然而，若想创造出足够无风险的套利交易，使其重新引入那些在1929年经济危机之前就存在的金融中介结构中，还需要金融市场"魔术师们"近十年的苦心经营。

1983年，一个无风险套利的创新——分离的抵押担保债券的出现改变了一切。分离的抵押担保债券是过去几个世纪唯一一个仅通过改变金融中介流程来获得收益的金融创新。关于这些工具在1998~2008年是如何发生贬值的，将在后面进行讨论。现在我们要重点讨论由它们的出现所带来的进步和力量，以及这些进步和力量所引发的效果。

抵押担保债券是前几章讨论过的抵押支持债券的高级形式，它建立在担保贷款新的基础之上。这个过程把具有相同提前支付偏好的投资者进行配对，从结构上分离抵押贷款现金流，这种匹配方式显著地提高了实现每个投资者偏好的可能性。允许中介以较低的价格（反映了高提前支付风险）购买抵押贷款，然后以相对较低的提前支付风险（以高价格）卖出债券——一个完美的无风险套利。

抵押担保债券使用由美国联邦住房金融局吉利美、房地美和房利美担保的抵押支持债券产生的现金流。当抵押贷款到期或者提前支付，这些机构只是把优先级抵押贷款的支付金额转交到债券持有者手中，即使在优先级抵押贷款违约时也是如此。因此，他们并没有提供提前还款的保护。

然后，抵押担保债券按照一种严格规定的支付顺序，使用担保现金流来支付中介发行的债券。中介公司购买抵押支持债券，并通过向投资者销售这些债券获得收益。而这些债券的期限是以贷款特定支付顺序为基础确定的。伴随着抵押贷款到期，投资者按顺序被偿付，即现金先流向一部分投资者，之后再流向另一部分投资者。

尽管抵押贷款的所有本息都被担保支付，但是对于真正的分离的抵押担保债券，支付的时间并未被担保。

当违约率上升，带来的低抵押贷款利率导致尚未清偿的抵押贷款被再融资时，抵押贷款和正常的过手债券会更迅速地被提前支付。相反，当之前预期的快速提前支付状况突然需要延期之时，抵押贷款合同到债权的偿付速度将会更加缓慢。因为担保抵押债券是以一种提前设定的顺序向投资者进行支付，它通过允许投资者选择以支付顺序为基础的债券，来创造一种支付风险的共享机制。事实上，抵押贷款债券的真正偿付时间，取决于市场因素。

在金融领域，当利率上升时，债券投资者偏好提前支付，当利率下降时，债券投资者厌恶提前支付，因为在第二种情况中他们的再投资收益率会更低。事实证明，表现正常的债券具有正凸性。因为抵押贷款在利率下降时提前偿付得更快，而在利率上升时偿付得更慢，所以抵押贷款投资被认为具有负凸性。房地美因在 1983 年初引入抵押担保贷款而受到好评。它把抵押贷款现金流从房主分配给投资者，从而创造了一种高效的债券结构。事实上，这个结构过于高效，因为房地美实际上保证了抵押担保贷款提前支付的时间点——一种随着时间的推移只能由政府机构支撑的担保。因为没有私人发行者可以以同样的方式保证提前偿付的时间，因此，房地美的抵押担保贷款结构创造了一种仅使大型银行和联邦住房金融机构受益的垄断形式。

第一个分离的抵押担保债券是为了减少投资者负凸性的投资风险而设计的，并不是为了消除风险。因此中介机构通过创造一种能产生更多现金流的债券进行获益，这种债券产生的现金流要多于购买抵押过手债券所需要的现金流。我们将在以后解释：在 1998 年以后，抵押担保债券的这个优势是如何被大型银行和政府支持的住房企业所垄断的，以及是如何给投资者带来伤害的。这是引发 2007~2009 年危机以及大萧条的一个主要因素。

立法的转变使得抵押担保债券以及它各种各样的变形可以纳入《统一商法典》、《破产法》和《统一欺诈转让法》中。这些法案都是对 20 世纪 20

年代以后的法庭判决以及所实施规定的回应。在抵押担保债券被创造出来以后的 10 年间，不论是朝好的方向发展还是往坏的方向恶化，它几乎给整个金融领域带来了改变。

1983 年，市场上发行了第一只抵押担保债券。普尔特住房公司的一个附属机构创造出一种只有在优先级抵押贷款偿付后、提前偿付发生时才进行支付的抵押担保债券，从而打破了房地美的垄断。这使得普尔特抵押担保债券成为了一个无风险套利交易的典范并逐渐风靡全美。任何一个理解这个流程的人都可以通过购买担保过手债券和卖出抵押担保债券来获得无风险的套利利润。截至 1987 年，大量的机构和企业发行了超过 600 亿美元的抵押担保债券。

投资银行家、住宅建筑商、储蓄机构、房地产抵押银行家、保险公司和房地产投资信托以各种各样的原因发行抵押担保债券。分离的抵押担保债券的出现给房地产金融带来了变革，尤其扩大了在银行、储蓄机构和机构资产负债表垄断之下潜在的房地产投资池。抵押担保贷款帮助建筑商募集了更多房屋的建造资金。这些房屋是由偿付已经售出的住宅的抵押贷款为抵押的。

毫无悬念，抵押担保债券的成功很快吸引了很多仿冒者。随着抵押担保债券的概念传播到信用风险交易市场，它不再作为一个无风险套利的机会进行使用。美国住房集团所采取的扩大农村安置房的策略并不精明。因为，安置房是美国在"二战"时期的产物，那时需要上百万的半永久式住宅来容纳军队和难民。

美国住房集团合并了全国最大的安置房建造商之一——布里格迪尔工业企业。这次兼并是为了使美国住房集团更高效地经营，更好地利用新的融资方法。但是公司并没有预计到石油领域的崩溃以及由此引发的对此类住宅的需求下降。在以后的很多年，这次石油泡沫使得美国住房集团留下了长期的生产力过剩情况并几乎导致公司破产。随后，美国住房集团在20 世纪 80 年代中期，在被称为石油产区的得克萨斯州、俄克拉荷马州和路易斯安那州所遇到的问题只是在房地产领域所出现的更大的灾难的一部分。

　　普尔特公司发明的分离的抵押担保债券是一个非常积极的进步，它帮助了上百万的美国人实现了拥有住房的梦想。然而，正如美国住房集团经历的经营问题所证实的那样，每个金融创新都可能会被不当使用所破坏。因此，金融永远都是一把双刃剑。

　　抵押担保债券的流行很快被滥用和欺诈行为所毁坏，这些行为并不像一个世纪以前引发大萧条那 10 年中的行为一样。这些不良行为把优点隐藏在堆积如山的问题背后。一个自由的社会通过包容失败来分散和减少这些欺诈行为的损失。历史告诉我们，为了停止欺诈而阻碍社会的自由只会使腐败集中，并且加剧由此带来的伤害。

　　与此同时，美国住房集团正在跳入一个与安置房有关的万丈深渊，一系列失败的金融自由化试验开始生成一个巨大的表外金融资产泡沫，该现象在美国的西南部地区尤为明显，这也是美国"房产梦"过度膨胀的地区。

　　1987 年，破灭的金融泡沫发展成为储贷危机，这是继 20 世纪 20 年代末的房地产泡沫破灭和 20 世纪 30 年代大萧条之后第一次严重的金融危机。这次灾难看上去似乎并没有 20 年前的次债危机那么严重，但 1988 年的储贷危机几乎使得美国经济破产。

　　1992 年后，随着储贷危机的后果减弱，抵押担保债券再一次出现在市场上。该结构化产品扩展到除了房屋抵押贷款之外的其他金融资产领域。汽车金融产业施行抵押担保债券，这正好拯救了在 1992 年经历了巨大损失的通用汽车公司。然而，在一些私人产品部门开始出现抵押贷款的滥用现象——衍生性抵押担保债券产生，并且这些衍生性抵押担保债券逐渐发展成为政府支持抵押贷款市场的主力军。为了了解这个抵押担保贷款恶劣的假冒者，我们必须从了解它的同类——计划摊还抵押担保债券开始。

　　降低贷款偿还的不确定性，或者是负凸性，使得分离的抵押担保债券对投资者具有很大吸引力，也使得更多和更具有影响力的债券投资者要求担保人创造现金流更为确定的债券。然而，实现这种偿付偏好，意味着其他人要接受具有比正常情况要高的提前偿付风险的抵押担保债券。因此投资银行家创造了计划摊还证券产品，使其作为一种匹配结构，当抵押贷款提前偿付速度减慢时，偏好计划摊还证券产品的投资者将会获得更大比例的偿付金额，当提前偿付速度加快时，他们获得更小的比例。

在该情况下投资者出现了购买不良衍生性标准产品的需求，因此而受益的投资者又依托上述条款获得更加可靠预测的、从计划摊还债券中产生的现金流。当利率下降时，衍生性标准产品的持有者可以获得更快的提前支付，当利率上升时，他们会获得更慢的提前支付，这意味着债券的有效当期日、持续期以及因此所导致的市场价值都会发生很大的变动。

这些衍生性标准产品有很充分的理由被称为"吸盘债券"（Sucker Bond）。持有这种给计划摊还债券购买者优先权的债券的投资者，因为不了解债券本身加速负凸性的特点而深受其害。

伴随着稳定的利率，投资者将会在 1~3 年内获得衍生性标准产品的回报，通过将商业票据卖给货币基金机构及其他货币资金市场的成员，来获得资本投资短期的机构债券。当然，如果利率上升，这些短期资金将会面临久期暴涨的风险，这些债券只能在 20~25 年之后被偿付。没人可以安全地对冲这种投资风险。

一家评级机构——标准普尔（Standard & Poor's），试图通过将强制衍生性抵押担保债权的发行人评为"R 级"来警示投资者。这个字母代表抵押贷款融资风险最高。

不幸的是，在衍生性结构化产品越来越常见的时候，修订后的联邦所得税法支持联邦房产机构（GSEs），使其在发行 CMO 债券方面拥有了几乎垄断的地位。房地产抵押贷款投资渠道这种税收结构成为各种抵押担保债券的唯一合法发行形式。在标准普尔坚持将衍生性抵押担保债券的评级定为 R 时，大约 95% 的"吸盘债券"属于由联邦房产机构创造的抵押担保债券。作为联邦房产机构，他们并不需要对自己发行的债券进行评级或者获得其他机构对债券的评级，但是这并没有改变他们发行债券的风险性。

因此，标准普尔为警示投资者所做出的努力最终以失败而告终。1993年末，一种只适合抵押贷款市场 0.5% 投资者投资的债券占全部抵押担保债券发行量的 30%。美联储主席艾伦·格林斯潘在 1990 年与 1991 年危机发生之后才开始着力于降低联邦基金利率，但最终利率还是上涨了。

1993 年末，美联储开始考虑主动上调利率去管制过度投机行为。因为"吸盘债券"内在的时间风险，美联储实行了利率管制，这一迟来的行动几乎使一些货币市场基金倾家荡产。

随着短期利率上涨，阿斯肯资本公司旗下为持有衍生性标准抵押担保债券而设立的几家基金公司开始无力履行同基德尔和皮博迪公司的回购贷款协议，这些贷款本来是用于投资衍生性标准债券组合。为了占领计划摊还发行市场，以及垄断一大部分的联邦住房机构抵押担保债券市场，基德尔需要卖出吸盘债券。

破产后，基尔德和皮博迪才不再担当担保人的角色。这次混乱的后续影响导致了几只货币市场基金内的泡沫被打破。这个事件引发了一系列大问题，而这些问题正是引发之后 1998 年、2000 年、2001 年、2003 年、2005 年和 2007 年 9 月危机的关键性因素。

俄亥俄州的美国第一银行（Banc One）也陷入了由美联储提高利率所造成的久期暴涨的危险之中。在那个时期，美国第一银行正在开展与华尔街的利率互换交易，他们与华尔街对赌，认为利率会保持在平稳低位。在1998 年与芝加哥第一银行合并之前（之后成为美国第一银行），据报告第一银行衍生性投资组合的账面价值为负值，这个数值基本和控股公司的全部资本金相等。

1992~1994 年，几乎没有任何处在监管团队之中或之外的人理解加速负凸性这个术语，更对其实质内容知之甚少。结果，美国证券交易协会在一片迷雾中进退两难，他们要在一个自己都无法确定的问题下保护货币市场基金的投资者。伴随着不动产抵押贷款投资转手凭证（房地产抵押贷款投资渠道信托）荒唐的独占权，该机构在 1998 年建立了新的货币基金市场准则，这些准则正是自那之后每次金融危机发生的关键成因。

我们要正确理解这个问题，衍生性抵押担保债券的加速负凸性从本质上并没有什么问题。这是一个复杂的过程。然而，在那些不了解这种债券的特质并且使用他人的资金滥用投机这些债券的投资者或者银行经理的手中，这些债券就是一个毁灭性的垃圾债券，使得投资者被更高回报的承诺所欺骗。

1997 年，分离的抵押担保债券良好的经济属性和它们的融资能力带来了历史上第一个自动修正的经济状态。尽管很多观察者将 20 世纪 20 年代中期的经济繁荣归功于克林顿政府的政策，但是非银行金融机构可以使用如分离的抵押担保债券和这一模型的变种等载体来筹集资金，这一事实对 20 世纪 20 年代就业市场和有关于住宅建筑以及房地产领域的经济活动扩张产生了重大的影响，并且促进了制造业的强势复苏。

从 1998 年开始，政策制定者所犯下的巨大错误导致了市场的变化，并改变了这些金融工具的使用方式，这些政策正是为了应对 1994 年衍生性标准产品危机导致的基尔德、皮博迪灾难而制定的。抵押担保债券和它的奇异变种及其衍生产品成为了华尔街大型金融机构手中具有巨大破坏性的武器。大型政府支持银行和政府支持机构使用抵押担保债券的基本形式造成表外金融的垄断。通过获得向政府支持机构（房地美和房利美）的抵押贷款资金流入，然后担保并且卖出政府支持机构作为表外负债的抵押担保债券，银行首先控制了住房抵押贷款市场的保兑业务，尽管完全担保偿付是一个荒唐可笑的结果。

随着国际贸易的不平衡席卷了整个市场，并且不可能继续包容"大而不倒"的美国银行企业和政府支持机构的发展，上面提到的垄断形式剧烈膨胀。他们通过抵押担保债券和各类衍生品，例如，抵押贷款契约和债务抵押债券的发行，隐藏了大量的表外负债。所有的一切都被隐藏在投资者、评级机构和监管机构资本标准的视线之外。为了控制剩余的金融市场和操纵所用债券的价格，政府支持机构和大型美国银行创造了 30 万亿美元的隐形杠杆（影子银行）。

随着每一个金融市场垄断一起发展起来的是不可避免的市场瘫痪，而在这些瘫痪到来之前，连续十年的错误（1998~2008 年）使得金融市场泡沫越来越膨胀。这个泡沫引发了 2007~2009 年的金融大危机。

2008 年 9 月初，这两家抵押贷款政府支持机构被强制进行监管时，它造成了一个吞噬了美国 1.6 万亿美元贷款的资金漏洞，引发了一周之后雷曼兄弟（Leman Brothers）的破产，美国国际集团（American International Group，AIG）在三天后破产。随着信用利差扩大到了 1929 年危机之前观察到的水平的 2 倍，2008 年 10 月末发生了使几乎整个金融系统崩溃的危机。

灾难的连续发生扩大了美国的资金漏洞，这个无底洞容纳了由大型银行垄断创造的、超越美国杠杆水平的 30 万亿美元的私下贷款。它也暴露了一个更加巨大的资金漏洞（37 万亿美元），这其中包括在全世界范围内更明显的表外操纵和欺诈。正是当经济力量的风向标从大型银行转移到新一代的公共政治政策和财政领导者时，这些领导者们搭建了一个政府流动性的桥梁，并且希望建立一种支撑这座桥梁所需要的合作关系，直到美国和它的盟友可以再次建立一个维持稳定增长的私人金融系统。这正是国际化和货币化的意义所在。

分离的抵押担保债券是实现可持续性金融稳定的关键工具，但是正如次债危机显示的那样，证券欺诈等蓄意行为使人们必须考虑到这种衍生结构的滥用。正如美联储主席保罗·沃尔克为治理 20 世纪 70 年代的通货膨胀而采取的解救措施是成功的一样，抵押担保债券的出现为 1983 年的金融市场创造了一个独特的机遇。美联储成功地利用它来降低短期利率，同时使得长期利率保持在不正常的高位。这就为那些懂得如何创造无风险套利交易的企业家们带来了巨大的获利机会，这种套利交易横跨于短期利率与长期利率的差异之上，我们通常称它为期限利差。

分离的抵押担保债券最独特的一点是，它是第一个并且是唯一一个仅通过改变基础金融资产的形式来增加价值的金融工具。当信用利差扩大时（金融危机的征兆），这种形式改变的价值会增长，当利差缩小恢复到均衡时，这种价值减小。

反过来说，通过推动信用利差恢复到均衡，这种逆周期性给了分离的抵押担保债券规避金融危机的能力。随着利差的扩大，分离的抵押担保债券创造了吸引越来越多交易发生的无风险利润——一种和 19 世纪巴杰特（Bagehot）利用高利率将资金引回市场一样的方法。反过来，这些交易带来了对资产的逆周期需求——主要是抵押贷款，当利差扩大的趋势产生了引发经济危机的威胁，这些抵押贷款将会缩小利差。

随着越来越多的交易进行，利差缩小，最初的分离的抵押担保债券的利润缩水并最终消失。当再一次达到平衡时，这种交易不再产生无风险利润。因此，由于利润被约束在无风险的情况下，它们的作用自动减小。这使得分离的抵押担保债券交易成为了金融"减震器"，在正当使用的情况下，可以确保可持续性的金融稳定。它们解决了宏观经济学中最后一个重要问题。

从大型银行和政府支持机构无垄断行为的金融层面来讲，这一过程可以被以下一系列行为的组合所监控：

完全透明（例如，美联储最近的政策，即汇报和披露所有已做的和想要做的事情）。

全面披露每日债券交易市场的情况。

关于责令那些能够引发任何形式风险的所有金融交易都需要提供涉及所有资产和负债的披露资料的规定。

然而，这是对于未来的承诺。首先，从引发了1969年美国公平竞争委员会会议的情形开始，让我们回顾一下为了达到上述要求，美国经历了怎样的变迁。人类所有的荒唐历史都是一段悲伤的对话，所以本书希望可以加入一些幽默的元素，轻松愉快地探讨那一段其间犯下了可笑错误的历史。

经济实验——从越南到储贷危机

1967年底，约翰逊总统正在酝酿一个较大的军事建设计划，希望通过努力地增加军事建设，在1968年大选之前结束越南战争。他要求国会通过一项提高税费的提案，但是却并没有透露他将要在这项军事建设中花费多少资金。根据当时使用的计量经济学模型，当且仅当政府组织想要隐瞒所花费的金额时，这种税收的增加才是必要的。

使用披露的预算数据和未披露的支出情况的假设，给美国财政部门提供了一个模型的多次运行结果。事情很快变得清晰，政府的目的是掩藏此项战争所花费的巨额资本，上述支出已经毁掉了美国政治的架构。约翰逊政府隐瞒了该战争的大规模扩张。他们正在犯一个其源头可追溯到1694年的经济错误，当时的英国国会要求英格兰银行掩盖国王对法作战所需要的融资规模。

这种做法引发了抗议和事与愿违的结果。在当时的国防部长罗伯特·麦克纳马拉因为反对政府的军事规划离开以后，1968年，约翰逊总统宣布下台。麦克纳马拉随后成为了世界银行的主席。战争最终结束之前，在越南的死亡人数翻倍，并且时至今日我们的许多错误仍持续影响着这个地区。1967~1968年的财政欺骗的影响也在持续，并且促使20世纪70年代的大通胀发生。

在尼克松总统掌权以后，他委派公平竞争委员会去考虑美国该如何减少从大萧条时代对银行和金融市场的控制引发的"独家垄断"造成的经济增长方面的制约。在委员会1971年12月的报告中，改革的第一项明显的决策是政府的"金融锤"——美联储的Q条例，这个条例为存款利率设置了上限。

基于Q条例，银行用贷款来扩大国家增长资金的做法是不明智的。政府通过Q条例迫使银行将利率降低来吸引储户存款，并达到可维持必要融资的利率水平之下，从而成功切断了政府通过市场接触流动性的渠道。Q条例最本质的含义和自由市场并不一致，但正如我们讨论的那样，"二战"后的监管环境导致其根本没有自由市场可言。银行大多是政府监管下的附属品。Q条例是把大萧条时代的金融改革条例捆绑起来的必要绳索。在1913~2008年，禁止美联储向它的储备金支付利率这一行为阻碍了它作为贷款者的角色而存在，如果美国想要获得巨大的经济增长，那么维持Q条例就没有任何意义。

不幸的是，大萧条时期的金融模型的构建都围绕着禁止利率竞争这一概念。在募集储蓄时控制竞争，使监管者可以跟随意愿禁止信用扩张，阻碍道德风险投机，这种做法也使美国的经济增长水平降到了标准以下。金融自由化迫使美国重新学习了一个很多人很难理解的道理。这是富兰克林在 1932 年大选以及 1933 年 3 月残酷的现实面前学到的教训，那时候大部分美国的银行已经关门了。金融的本性决定了我们在完全控制市场和完全自由的金融市场之间，没有任何妥协回旋的空间。一个自由的社会接受欺骗的存在，但是希望可以通过鼓励披露行为和补救办法来减小它的影响。

除非有完全的控制，否则货币就是可以被替代的，在自由市场不统一的政策之下它可以像水一样从任何一个缝隙溜走。因此，放弃全面控制，就必须要有一个自由和公平的竞争环境，在这个环境里为了保持一个和谐的社会而管制欺诈行为。为了保证公平，市场参与的过程可以被监管，但是一个参与者的渠道是不可以被监管的。没有公平竞争的环境就没有自由的市场，只有垄断行为存在。正如"镀金时代"到 1929 年大危机，以及引发次贷危机的 21 世纪初的房地产泡沫表现出来的一样。

大萧条时期的法律使用 Q 条例避免一场彻底的灾难，创造了分离的银行条款，在这里面每一家金融机构都有一些可以使其获利的垄断控制行为，但是当且仅当他们按照政府的想法去做时才有效。政府垄断的概念不能保证任何市场和社会的资金需要得到满足，且在 20 世纪 60 年代，经济增长的乏力使得美国最终改变了之前遵循的政策。

仅限于发放居民住房贷款的储蓄机构被给予了优于商业银行的 Q 条例和税收有利条件，因此这些储蓄机构可以支付比 30 年期抵押贷款投资的储蓄账户更高的利息。由于存款可以在 30 天内撤销，储蓄机构要依赖政府去保持短期利率和长期利率之间的正利息差。在 20 世纪 70 年代末期，这种正收益率利差因为大通胀而消失，20 世纪 30 年代建立的储蓄模型也随之消亡。

直到 20 世纪 70 年代，只有银行拥有提供活期账户的权力。根据法律，储蓄机构和其他金融公司都只能直接偿付储蓄者，因此派生出了第三方支付账户。除此之外，也只有银行才能有效地提供商业贷款，这是一项在1951年《统一商法典》生效以后很多银行需要重新学习的业务。Q条例使得联邦政府消除了任何贷款投机的可能性。例如，它通过减小储蓄机构和银行之间的利差，迫使储蓄机构放弃贷款，减少贷款投机。因此，依据联邦政府的臆想而不是市场需求，在Q条例下房地产市场成为了一个忽起忽落的"悠悠球"（见第九章的图9.1）。

伴随着大萧条所产生的恐慌退去，律师和法官忘记了正是反竞争条例把金融划分成了几个分离的监管组织。例如，在20世纪70年代中期，一家储蓄机构决定越过界限，通过提供给客户一种账户，这个账户中的资金可以通过提供第三方支付的票据取走，以此达到与银行竞争的目的。

这家储蓄机构咨询律师后，发现并没有禁止上述账户的法文的存在。《统一商法典》把支票定义为由银行签发的票据，但是这个储蓄机构并不是一家银行。因此，这家储蓄机构就不算是提供一个活期账户。

这家储蓄机构开始跳出自己的领域向银行业入侵。法庭最终判决这项业务是违法的，因为在储蓄机构的提款不能向第三方进行支付，只能向储户。然而，在那时，联邦法律已经做出了具体的改变，允许全国的储蓄机构开展同样的业务。

解禁的第一次尝试中规定，对于多于10万美元的短期储蓄，银行可以成为Q条例的一个特例。这项改变的目的是使大型商业银行可以拥有一个公平竞争的环境，从而使它们获得稳定的资金来源。银行的一些客户以高于Q条例规定的利率公开出售商业票据，破除了银行在对企业商业贷款方面的垄断。

在解除了10万美元以上存款的利率限制之后，自由市场开始运行。家庭和经纪商都把存款集中，以达到10万美元这个标准，它们成为了利用存款解禁之后的高利率优势的货币市场基金的先行者。到1998年，Q条例已经被完全废止。

随着美国人开始向银行借款并对股票市场进行越来越大规模的投资，使得20世纪60年代出现了对更大的经济增长的渴求。Q条例禁止银行吸储，所以储户转向购买股票。在20世纪60年代纽约证券交易所的日交易量增长了300%，同时期，类似的市场也面临着大幅的交易量增长的情况。赫德·巴鲁克（Hurd Baruch），当时纽交所的特别顾问，把20世纪60年代的市场增长描述为"一个疯狂的投机泡沫"。

但逐渐出现的技术问题和交易量的巨幅增长，几乎引发了美国股票市场的崩溃。1969年5月到1970年5月，股票失去了1/3的价值。操作与金融方面的限制导致了20世纪30年代以来最大数量的银行破产。超过160家纽交所的成员在这个时期倒闭，甚至有更大数量的地区性经纪商破产。由于当时对市场中公众信心的损害太过严重，国会通过了以《联邦存款保险法》为模型的《证券行业保护法案》。

20世纪70年代中期，新型金融市场投机出现，并且引发了小规模恐慌。其中最有名的是涉及不动产投资信托公司的危机。1973年12月，在佛罗里达棕榈滩一个名为沃尔特·卡修巴（Waiter Kassuba）的开发商申请破产，并且在与不动产投资信托公司进行的大量贷款中违约。这次破产引发了违约的狂潮，并且最终导致了多家不动产投资信托公司倒闭。

同样，这些破产也为商业银行带来了巨大的损失。商业银行为不动产投资信托公司提供贷款支持发行银行的商业贷款扩张，向它们支持的不动产投资信托公司发行了过多的商业不动产贷款，为相同的不动产投资信托公司提出如何管理投资组合的建议。几乎没有人质疑银行这样多角度的参与是否会导致利益冲突，也没有人质疑要不要废止这种会给不动产投资信托公司的投资者带来糟糕结果的交易。

不动产投资信托公司持有的资产从1974年的5000亿美元跌至1978年的250亿美元。纽约的大型银行，如大通银行和信孚银行因为不动产投资信托公司商业贷款的违约而遭受了严重的损失。在整个国家中，曾经支持过不动产投资信托公司的银行都发现有必要重新购回曾经发放的贷款。随着银行的利息冲突逐渐出现在法律纠纷中，这样的销售模式也走到了终点。

两次石油危机、银行业和投资活动的扩张以及运用灵活的货币政策去支持约翰逊和尼克松政府的"大炮加黄油"政策，都导致了20世纪70年代严重的通货膨胀。工资水平和价格水平的急剧增长使美联储丧失了信誉，直到 1979 年保罗·沃尔克介入并痛下决心采取抑制膨胀（最重要的是对膨胀的预期）的措施。

在没有 Q 条例的保护下，控制银行的资金成本极难，到 1982 年美国大部分传统储蓄机构被迫陷入无望的破产局面，这也是美联储抑制通货膨胀所采取行动的必然结果。

如果那些依赖由储蓄机构提供抵押贷款的房地产建筑商想存活下去，他们就必须在住房抵押贷款利率高达每年 17% 的情况下，找到将他们的房子卖出去的方法，但是就连美国内战期间和内战之后利率都没有达到过那么高。

对传统的储蓄机构来说，这些问题远远超出了新型贷款业务对其造成的损害。在联邦法律提供的道德激励下，储蓄机构几乎所有的资产都是长期固定利率住房抵押贷款。这种业务模式通过防止消费者丧失抵押品赎回权的方式在大萧条中存活了下来，而那些只做短期抵押贷款的银行不得不取消抵押品赎回权而非转让抵押品赎回权。当一个借款者发生了违约，储蓄机构仅在抵押贷款上增加一个小额的、延期的数额，直到这个借款者找到工作。

然而，储蓄机构的资产集中于长期抵押贷款的一个结果就是，当短期存款利率急剧升高到 12% 或是更高时，储蓄机构就会被长期资产所束缚而可能支付储蓄存款一半的资金成本，这些存款正是银行抵押贷款的资金支持。看过弗兰克·卡普拉 1946 年《风云人物》这部电影的读者会回忆起，詹姆斯·斯图尔特为了吓唬消费者而解释道：他们的存款现在都用来支付消费者邻居们的房屋抵押贷款。

20 世纪 70 年代末的通胀摧毁了 20 世纪 30 年代的储蓄模式，在这种情形下，公司缺乏一个很好的得以生存下去的经营计划。当时的报告将美国的公司称为 6 个月、12 个月、18 个月、24 个月的公司，这些称呼表明了这些公司能够以储蓄存款模式生存下去的时间。这些公司数目的统计数字是通过计算该公司的净资产得来，而净资产是根据公司的资产收益（较低的固定的抵押贷款；利息）和负债的成本（不断增长的存款利率）计算每个月的亏损。

直到 1982 年之前，传统的储蓄模式公司的运营时间不会超过 24 个月，这段时间之内这些公司都会破产。1982 年，国会和里根政府决定进一步放松管制，让那些"僵尸"储蓄机构自由地发放新的商业贷款，从而让它们通过占优势的高利率与之前的那些垄断的商业银行进行竞争。

在记者的要求下，美国联邦存款保险公司主席比尔·赛德曼在里根总统签署议案之后发表了评论："我们终于解放了自由的企业系统。"赛德曼先生平静地说，"但我没有看到他们之中任何人要求政府不再担保其债务"。

当一切平息之后，赛德曼作为美国资产重组托管公司（Resolution Trust Corporation，RTC）的负责人为国家服务的职业生涯也就结束了，他在底特律金融协会发表了退休演讲，有人向他问了最后一个问题："这个烂摊子将会付出多大的代价？"

很显然，这个同样的问题已经回答了不下 5000 次，他有些被激怒了，说道："我不知道这会付出多大的代价。但是不要忘记，这是美国政府历史上最糟糕的错误。当我们让那些家伙贷款而贷出的钱又没有收回来时，错误就发生了。当然，政府保证了去偿还储蓄者的存款，所以不论代价是什么，我们都会去偿还。"赛德曼明白经济稳定的法则，但是这个教训不适用。2007~2009 年危机的项目费用高达储贷危机最初估算费用的大约 100 倍。通过采取迅速的措施来补偿 2007~2009 年危机的全部花费。

每次危机的原因都相同。政府保证向那些发起不良贷款的银行投资者偿还本金，并且购买成千上万抵押贷款和抵押贷款支持证券。在市场政策有瑕疵的 10 年里创造出的证券是有缺陷的，而这些证券的交易导致了经济的崩溃。甚至在今天，这种交易的遗留问题仍是经济复苏的障碍。我们必须停止所有形式的资产负债表的表外投机。不论解决这些交易所带来的问题的代价是什么，它必须得到解决。

所以这是事关所有系统性金融危机的关键——一个国家的经济复苏生死攸关。无论处理这场混乱的代价有多大，都必须得到解决。对相关人员的谴责可以稍后处理，但是为了结束危机而制定的解决方法必须实行。

　　在赛德曼先生离开国会办公室前，通过了 1991 年的一项法律，其中包括授权美国银行监管者解决金融危机以防止危机摧毁经济。在一个系统性的灾难中，监管者可以采取拯救金融系统所需要的任何措施。当监管者行使这项权力时，需向国会提供报告。无论付出什么样的代价，根据这项法律规定投资者都会通过增加的被保险的银行存款自动获得资助。但是，由于多种原因，在 2007~2009 年危机中这项法律被证明是无效的。

PENN SQUARE 银行和联合贷款

　　20 世纪 80 年代初，商业银行界存在着另一个问题，而它将来的影响很可能胜于 80 年代的危机。这个问题就是由 Penn Square 银行（一个美国中部石油地区的小型俄克拉荷马州购物中心银行）破产而引发的联合贷款的争议。这家银行的破产摧毁了美国的两个牵头银行并殃及其他。

　　和 2008 年的情形一样，全球贸易模式助长了这次泡沫的膨胀。要理解这是怎么回事，不妨想想石油输出国组织（OPEC）中国家的问题，他们在美国一直享有石油垄断地位。美国使美元浮动，当我们用美元支付石油时，如果 OPEC 成员国将这些美元兑换成其他货币，那必将导致美元的贬值。除非 OPEC 成员国要价更高，否则，将会降低 OPEC 在接下来的石油销售中获得的垄断利润。

　　为了避免这种利润的损失又不至于去购买美国商品，OPEC 开始投资美国的资本市场，即既可以保持美元的强势地位又能为银行贷款带来流动性。这个机理其实和贸易本身一样古老，但你会发现从 20 世纪 70 年代的大萧条进入 1998~2008 年的大失策，它的重要性日益彰显。

　　为了本土石油生产的扩张，美国理所当然地推出了相应的贷款政策，而这就极大地扩张了 Penn Square 银行的信贷规模，以至于它甚至向其他银行借款来满足石油贷款需要，从而催生了我们这里要谈到的联合贷款协议。

　　联合贷款是附属于牵头银行的贷款，在这个案子中，Penn Square 就是牵头银行，其他银行则是参与银行，他们负责提供资金。由于担心损害未获担保储蓄者的利益，这些银行间的融资也禁止在担保的基础上进行借贷。由于联合协议的债务权利是排在牵头银行一般储户之后的，而美国联邦存款保险公司只承担这些储户的保险责任，所以美国联邦存款保险公司自认为占了便宜。而事实上，它却忽视了这样一个事实，持有牵头银行这些存款的一众美国银行，也在美国联邦存款保险公司的保险责任范围之内。

Penn Square 银行发现，由于当时政府致力于瓦解 OPEC 在美国的垄断地位，导致石油消费区的投资机会都局限在本土石油生产方面，在有限的投资环境下，很多银行愿意为石油贷款提供资金。而这些银行也觉得 Penn Square 银行有能力保证这些贷款具有足够的流动性。

如果他们坚持根据辛迪加贷款准则索要最终贷款人的收益加成，这些参与银行的利益本来可以受到保护。但这样一来就会使贷款变得很麻烦，因为参与银行需要与借款人直接接触，这样就妨碍了 Penn Square 流动性能力的增强。

与辛迪加贷款的不同之处在于，在联合贷款协议下，牵头银行只需要宣布卖给参与银行的贷款份额并承诺按份额比例与参与银行分享利润。而参与银行也只是被记录为这笔贷款的一员，而没有具体可靠的支付凭证。

根据美国最高法院 1925 年的一项决议，辛迪加贷款或者一笔具有切实支付凭证的贷款是受到法律保护的。而参与贷款协议，因其不完全的贷款性质，根据美国联合欺诈性财产转移法，在发生违约的情况下，贷方最多只能获得抵押品权益，这还必须要求他们采取恰当的措施。

从这个意义上来说，这些参与银行就相当于给了牵头银行——Penn Square 一笔无担保的贷款。此外，根据之后被采纳的美国法律，这些贷款的求偿权排在一般储户之后，而参与银行在这项规定生效之前就已经参与交易了。

政策的问题之一在于这场被认为是具有欺诈性质的交易却受到了美国联邦存款保险公司和其他监管机构的默许甚至是鼓励。虽然它就是一场骗局，但监管者明白这样做可以阻止接管方做出欺诈声明，同时也能防止那些走向破产的牵头银行的投机。

在一直实行到 1989 年的管理会计准则（RAP）下，几乎所有银行都参与了这项联合贷款活动。大多数银行可以发起这项交易，也不需要担心这场骗局会蔓延至其他领域。在某些情况下，允许银行作为参与方（事实上他们只是作为牵头银行的次级借款人）进行借贷来交换资产分散风险，对政府并不构成威胁（前提是参与银行有清偿能力）。

如果在这项借贷关系中，一家参与银行倒闭了，牵头银行仍然享有这笔联合贷款的现金流。有必要时，监管者可以对清偿顺序进行合理安排。而如果牵头银行破产了，参与银行仅仅能对牵头银行的房产进行求偿。在对 Penn Square 的清算接管中，美国联邦存款保险公司可以，也的确利用了这项隐藏在联合协议文件中的漏洞。

Penn Square 在 Q 条例和大萧条期间的许多其他控制措施解除之后扩大了经营，因为它发现，像 20 世纪 70 年代石油危机期间俄克拉荷马州和得克萨斯州的牵头银行一样，通过持有更多的来自借款人的存款可以翻番自己作为牵头银行的收益。

这些存款大部分都来源于 Penn Square 与其他全国各地的银行（有时他们占到了 90% 甚至更多）参与的联合贷款。Penn Square 享有这些存款的收益，而它们实际上是从那些参与银行借来的，不得不说，这是信用风险极度的不对称。可以说这就是一场庞氏骗局。

当 Penn Square 被清算接管时，他的借款人被允许保留抵消借款后未被保险的那部分存款。这意味着这些借款人的存款受保护的程度远远超过了美国联邦存款保险公司的正常保险上限，当然这些起到保护作用的存款实际上属于别的参与银行。

当 Penn Square 的借款人这么做时，其他参与银行当然就站出来说，美国联邦存款保险公司作为 Penn Square 的接管方必须按比例分配这些抵消的存款，作为他们参与贷款的收益。显然，如果美国联邦存款保险公司同意这么做，就会遭受比借款人收回的、未被保险的存款规模更大的损失。这样，不得不改变参与银行能够收回的份额，也同等量增加了美国联邦存款保险公司的支付。

所以美国联邦存款保险公司告诉参与银行，根据法律他们无权享有求偿权或担保物权，更糟糕的是，美国联邦存款保险公司声明 Penn Square 在联合协议中不再负有赔偿责任，这意味着参与银行与他们发放的贷款收益再无瓜葛。

Penn Square 的破产对那些还没有摒弃非正式联合协议而且偏好于那些更复杂的辛迪加贷款形式的银行来说简直是场噩梦，这也是美联储主席保罗·沃尔克力图（虽然不成功）让美国联邦存款保险公司主席威廉·艾萨克保护 Penn Square 而不是让它进入破产清算的原因。

美国联邦存款保险公司处理 Penn Square 的方式对参与银行来说是残忍的，但每一家处理这些案件的法庭都判定美国联邦存款保险公司的方式是合理的。参与银行支付了联合贷款中的 90%，到头来却一无所获。参与银行首先是被不合理的合约形式给欺骗了，而这些形式因其便利性得到了承认，然后又在作为银行接管者的监管权力下遭到毁灭性打击。

接管机构难以兼顾多方损失，银行是政府支持机构，因而从公共政策来考虑，它只能首先保护破产银行的储户，这是一条基本准则，只有这样才能使银行破产的损失达到最小，虽然这么做会给那家银行的交易对手带来巨大的风险。

美国联邦存款保险公司在接管 Penn Square 银行中的行为导致了一些参与银行的接管，包括一些大型的全国性银行，如 1983 年西雅图 Seafirst 和 1984 年芝加哥的伊利诺伊州大陆国民银行。它们"发疯似"的持有 Penn Square10 亿美元的联合贷款（Robert Hetzel ，2009）。另一家大的参与银行——摩根大通，挣扎数年后也最终被兼并。

美国银行现在被允许在担保基础上进行借贷，所以如今改变交易形式也没有什么害处。但是在 21 世纪初，会计标准制定者被要求审视参与协议中的求偿顺序问题。美国联邦存款保险公司默许了漏洞的继续存在，因为它认为联合贷款协议中的贷款是部分出售的。虽然美国联邦存款保险公司也警告，如果那种情况再次出现，该机构还会做出同之前 Penn Square

一样的决定，财务欺诈仍然有扩大趋势，以至于现在任何债券持有人只要宣称对其债券只进行了部分出售，都可以创造表外资产。

Penn Square 银行的破产以及 20 世纪 80 年代的危机促成了一系列银行法的修订，如摒弃对储蓄存款的保护、出台了 1989 年《金融机构改革、恢复与执法法案》和 1991 年《联邦存款保险公司改进法案》以加强监管控制。然而无论是从监管角度还是会计准则角度，都没有对联合协议中的非真实销售资产方面做出实质性的改变。

会计标准的制定者也决定不采取措施来填补这些联合协议中的漏洞，这些条例目前适用于所有的债主。他们允许银行等机构创造表外资产，只要支付他们现金流的公司拥有部分资产，也不管他们是不是只得到了获得支付的承诺。

即便是在今天，会计方法也依然存在着可能引发 Penn Square 灾难的漏洞。没有人可以预言危险何时降临。但毫无疑问的是，当它来临时会造成史无前例的伤害。

美国联邦存款保险公司倒也似乎不担心其他人会滥用这项诡计，从而引发全美甚至全球的系统性风险。事实上，这场骗局也帮助政府制造了名义上的经济增长，同时也避免了银行倒闭会带来的损失，当然即使这样也不能肯定的说美国联邦存款保险公司的举措就是正当的。这场被密切监管的骗局已为投资者带来无限的机会。

回购协议

另一个在放松管制早期出现的把戏是由堪萨斯城市金融公司创造的，即回购中的二次交易，而回购协议本来是美联储用来调控货币供给的工具。由于当时很多银行无法获得有保护的贷款，于是监管当局创造了这种工具来买卖特定的金融证券，即那些由联邦政府及政府支持机构发行的证券。这样做本身是很明智的，因为交易联邦债券很好地规避了可能危及整个国债市场或者干扰货币政策的清算风险。

然而当被用于其他情况时，回购很快演变成一种创造表外债务的欺诈工具。

回购本来是指买卖双方约定在到期日以一个更高的价格重新购回期初交易的资产，当然这个价格是以利率的形式存在的。也就是说，期初的资产买卖其实只是名义上的。卖方仍然承担标的资产的所有风险，比如其市场价值的波动、债务人的违约等，因为到期时他必须重新购回这些标的资产。因而除了那些实际上没有标的资产做支持的情况，回购协议就相当于一笔与保护贷款相同期限的无保护贷款，这至少比那些更虚无缥缈的交易要好得多。

对于标的资产的利息纳税方面，美国最高法院规定在回购规则中，资产收入的所有人是资产的实际持有人，这点显而易见。除了被雷曼兄弟利用的漏洞（也将称为回购 105，反映了会计中的资产销售问题），公认会计准则（GAAP）也将对这些借贷交易负有责任。

现在，让我们再回到堪萨斯城市金融公司的例子，这家公司发现，如果它持有待回购的资产，它可以通过出售这些担保物并获得应计利息来创造更多的杠杆。也就是说，它"偷"了这些担保品。

随着公司的破产和徒劳索赔声明，公司代表人不得不向信用人坦白一切。很快他就被送进了监狱，都不需要经过指证。尽管很多保险公司修正了索赔政策，但仍然有很多银行通过各种手段收回了他们的损失。不过操纵依然干扰着金融市场的稳定，因为这类型的交易形式和本质是相背离的。杰瑞·马卡姆就注意到，1977~1985 年，回购交易的失败总额达到了将近 10 亿美元（马卡姆，2002）。

雷曼兄弟使用的回购 105 很好地说明了金融漏洞中的问题：货币是完全可替代的。因此，任何漏洞最终都会招致足够的交易引发一场危机，即使对其正当的使用有益经济的运行。

回购 105 中的漏洞现已被演化成一项衍生工具，来防止欺诈。同联合贷款骗局一样，回购交易中的不良会计最终会扰乱美国经济，因为越来越多的投资者都对这个漏洞虎视眈眈。需要反复强调的是，一个自由经济体的薄弱之处就在于人性会驱使人们千方百计来打破为了金融稳定而创设的规矩。而法律则起到了减少这类行为对经济造成伤害的作用。

根据法律，审计师们要求确保财务报表能公正地反映一家公司的财务状况。而唯一能阻止欺诈的办法就是坚持将所有最高法院 1925 年规定的不完全销售或真实出售的转移都视为债务。本书附录中提供了一张工作表和术语来帮助读者理解如何确定其是否为真实出售。

制造商和房地产公司的独立财务附属公司

在大萧条的背景下，金融公司通过其子公司来掩藏额外交易的伎俩催生了 1934 年后的会计要求，即子公司的财务一并纳入报表。制造业企业一直利用金融来支持其生产，而在会计要求方面则为了避免混乱将两部分分开记账。

这对于 1983 年由房地产商发起的分离的抵押担保债券是极为有利的。它为这些创新者提供了私密地控制市场的方法，这就好比专利给了所有者垄断的特权，同时也加强了他们收回开发成本的能力。但之后则开始要求制造业企业将其财务附属公司一并纳入合并资产负债表，结束了商业和金融业的分离。

此外，在 20 世纪 70 年代末，一些房地产建筑商还拥有一些附属公司，他们有资格发行政府支持抵押贷款。发行这些贷款并销售政府支持证券让这些建筑商得以从放松管制和对抗通胀引发的区域紧缩中缓过劲来。和此前一样，因为政府操纵存款利率而制造的楼市泡沫，产生了终结 Q 条例的必要，建筑商也深受其害。

在一些建筑商了解到创造并服务抵押支持证券这个过程的机理后，他们可以发现通过分离的财务附属公司发行住房抵押贷款支持证券来达到延缓纳税的效果。因为根据当时的税法，如果建筑商或其子公司拥有一笔抵押贷款，那么住房的销售利润只有当这笔贷款本金被偿付时才得以确认。同时，建筑商又可以借入与这笔贷款相同规模的资金来满足新的开发需求，而这也不影响之前的延缓纳税效果。

这种债务结构倒也不算新，事实上它是模仿了大萧条之前的形式。通过借债来维持住房抵押贷款的发放，建筑商可以延缓纳税至数十年。沃尔克领导的美联储为了对抗 20 世纪 70 年代通胀而采取的一系列措施引发的住房贷款率攀升对住房销售造成了冲击，这样一来就抵消了这种冲击。

这项策略因为建筑商的子公司财务不要求合并记账而一直没被发现，之后虽然投资银行已发觉，却也加入到他们的行列中去。最终，当他们的队伍越来越壮大时，国会在 20 世纪 80 年代末生效的税法改革中撤销了这项福利。

紧接着 20 世纪 80 年代泡沫的大萧条中，建筑商对于这种特殊目的债券的使用对借款人和投资者都是有利的。与 2007~2009 年危机之后无法持续用抵押贷款证券来化解无力偿还危机的情况不同，20 世纪 80 年代企业贷款债券的发行人可以申请破产重组，允许重新调整资产和负债以匹配借款人的偿付能力和最大化支付给债权人的现金流。

很多债券持有人把对破产法的利用视作对他们权力的侵犯，而事实上他们错了。不过，要意识并证明这一点不是一朝一夕就能够完成的。

房地产商发行的抵押担保债券的兴起

后来用于支持分离的抵押担保债券研究的税收优惠一开始是作为挽救房地产业而使用的，因为美联储为了控制 20 世纪 70 年代的通胀，导致长期利率迅速攀升，1981~1982 年的住房贷款利率已升至 17% 甚至更高。不过也正因如此而让这些房产商看到了无限商机。

要发行分离的抵押担保债券需要有 100% 的政府支持抵押贷款证券来做担保。于是他们支付债券收益的 97%，2% 作为构建成本，另外 1% 则是纯利润，完成这些后他们甚至都不再有后续的责任。此外那些担保证券如果是在债券到期前的数月发行的，利润点还可能高出担保抵押债券 2~3 个百分点。

　　这的确是一个不费吹灰之力的好机会。不过当税收优惠不在时，一个无风险的套利机会因金融市场秩序的打乱而诞生。担保抵押债券可以在没有垄断银行或者政府支持企业的参与下被发行，所以对全球经济都有积极影响。它有利于国家停止救助"大而不倒"的企业。

　　监管者和经济学家往往把影子银行视作邪恶的代名词，但事实上这些非银行金融机构对整个私人经济部门都是极为重要的。危机时期当银行不能很好地行使信贷职责时，这些私人部门的创新对于确保金融的稳定有着不可估量的作用，当然前提是这些创新不能被乱用。

　　要理解这项创新的机理需要从多个角度去审查。如果你想更好地掌握关于它的一些细节，可以参考《金融市场的法律与经济学》这本书。我们不妨这样来简化一下它的几个关键过程：

　　（1）申请一笔住房抵押贷款——每一笔都需要单独的管理，因为即使是一份详尽完美的合同，也不能保证屋主何时就因失业而不得不违约了。

　　（2）将数笔贷款放到一起以分摊管理费用并分散个人的违约风险。

　　（3）构建一个全国范围内的充分分散化的资产池（即贷款的集合），以确保个人的、区域的违约风险都降至最低，仅包含因宏观经济波动而发生的全国性违约。

　　（4）把政府抵押贷款也加进去以确保宏观经济的大波动的影响风险被覆盖，仅剩下贷款的提前偿付风险，即所有违约风险都被覆盖。

　　现在我们再来看看关于这些债券的提前偿付风险，即所谓的负凸性。这对于一项 30 年分期付款（其中本金的偿付都集中在后期）的抵押贷款来说非常常见。由于大部分住宅将维持 30 年以上，因此这对于房主是很重要的。抵押贷款的投资人很清楚用提前偿付罚金来阻止提前偿付不管用，届时数百万消费者依然是罚金的受害者。所以说这种风险是很难控制的，事实上，2010 年的《多德—弗兰克华尔街改革与消费者权益保护法案》就索性禁止对留置抵押贷款的提前偿付收取罚金。

　　由于大部分住房抵押贷款都可以提前偿付，所以不需要罚金，当利率下降时这种行为就很普遍了。相反，当利率攀升时，提前偿付几乎不会发生。而这两种情况都是投资者不愿看到的，他们更希望他们的投资品有一个相对稳定可预见的期限，而不是随着利率的变动而忽长忽短。

想想看，房主有权随时一次性交完剩下的贷款而不需要罚金，这不就是我们之前讨论过的负凸性吗？这意味着即使是由完全分散化的贷款组成，它也会比那些禁止提前偿付的政府支持抵押贷款享有更高的收益率，这就好比一只嵌有期权的公司债券理所当然比其他条件均相同的不含期权公司债券享有更高的收益率。

于是这就给专家们提供了一个途径来衡量在给定期限内投资者对于提前偿付风险要求的利差大小，他们只需要将最近发行这两种类型的债券做个比较就行。从 1963 年起的数据分析来看，这个利差从低于 50 个基点（暗示着房地产的繁荣）到超过 250 个基点（房产危机）不等。

因为这个因素产生的利差，吸引了对抵押贷款债券的需求。这其中的数学原理比较复杂，但任何房地产商都能从利差图中看出经济的走势，当市场利率高时，利差缩小，反之利差扩大。

市场的均衡水平似乎集中在 150 个基点附近。当利率预期上升或下降时，均衡水平也会随之变化以反映需求的波动，因为提前偿付和对新的发行的预期也变了（当利率上升时，没有动机提前偿付，而当利率下降时，可以从市场融资来还款）。此外，利差对于购房活动的影响是很广的，这取决于与目前新发行的抵押贷款相比较的某只特定证券的利率波动性。简单来说，一个 150 个基点的利差意味着一只新发行的政府抵押贷款支持证券的收益率比一只其他条件均相同的无风险 10 年期国债的收益率高 1.5%。

现在，让我们回过去讨论担保抵押债券的最后两点问题：

（5）对投资者来说，买一只高于 10 年期国债 2.5% 的贴现率抵押贷款支持证券的成本要比买一只高于国债 0.5 个百分点的普通债券少得多。

（6）在金融危机时期，如果一个投资者可以以 3% 的利差购买一只抵押贷款支持证券，并通过发行收益高于 10 年期国债 1 个百分点的债券来获得 100% 的购买资金（这些债券仅以他所购买的贷款支持证券做担保，但具有不同的期限），那么他就可以获得者中间 2% 的利差，或者他也可以发行比购买的抵押贷款支持证券更多的债券。

　　这2%的利差就是在1983年那些房产商利润来源。他们组建子公司来发行债券（不需要股权，因为没有违约风险）并从事这样一些活动：买入平价发行的高收益的抵押贷款证券获得利差；买入折价发行的证券并高价卖出获得利差；两者兼顾。

　　从这些交易中的获利会随着抵押贷款证券和国债之间利差的扩大而扩大。所以当利差扩大时，交易量也增加，创造出更多的投资需求也为房地产商提供了充足的资金来源。当然，那些增加的需求反过来也会缩小利差，如此互相影响直至稳定。随着时间的推移，担保抵押债券巨额的交易量促使市场达到均衡。

　　对任何投资者来说，这场交易是足够安全的，唯一的不确定性就在于提前偿付风险。在无风险套利的操作下，他们促使市场趋于公平和效率。

　　1983年，在美国金融管制与放松管制的进程下，具备担保抵押债券运行条件的市场是存在的。而且担保抵押债券的出现也是必然的，因为当时美国的储蓄系统（大萧条时期抵押贷款系统所赖以生存的系统）在快速的瓦解。所幸需求给了担保抵押债券诞生的机会。

　　这些不包含违约风险的债券还可以被分成具有不同期限的档级，那些偏好短期的投资者可以购买第一层级的债券，而偏好长期的投资者则可选择购买后面的档级。

　　而平均期限则与资产池中的支持证券期限是一致的，不过每一个层级都会高出总资产池一个小的收益利差，代表了负凸性风险。这是因为总资产池作为一个整体，将具有不同提前偿付风险的层级放到一起，从而稳定了整体的提前偿付风险，也就是说，每一个层级的负凸性风险还是会高于总体的。

　　目前，任何一个投资银行都能在一分钟内用电脑软件计算出所有的交易数据，但在担保抵押债券产生之初，这个过程得花上华尔街主要投行的计算机主机好几个小时才能完成，包括将标准的抵押贷款提前偿付转换成现金流，加总单笔贷款的现金流，然后将其分配到具有不同偿付速度的档级中去，这样投资人就可以看到他们的债券在不同情况下是如何运行的。

构造担保抵押债券的工作可能要花上一个数学博士好几个月的时间，美国证监会和投资人也需要一大群律师和审计师来解释模型。在完成第一笔交易后，这些工作就算完成，之后就可以期盼着美国抵押贷款市场的可持续发展了。

由于金融公司被要求将其子公司的债务也一并纳入报表而房地产商则不需要，所以这些聪明的、创造了分离的抵押担保债券的房产商算是捡了个便宜。不过，1986年后，当房地产抵押贷款投资中介机构（房地产抵押贷款投资渠道信托，REMICs）向金融股份公司打开市场并被免除税收时，这个便宜就结束了。

华尔街企业成功地说服了国会创造出以房地产抵押贷款投资渠道信托作为IRS监管的特例，这项监管由为西尔斯·罗巴克公司子公司服务的纽约律师所提出，本来是给以信托形式发行的担保抵押债券设限的。在所谓的西尔斯规则下，美国国税局对信托形式的多层级担保抵押债券双重征税。这意味着担保抵押债券信托和信托投资者都要对从标的资产中获得的收益交税。自从房产企业的附属公司通过合并资产负债表来平衡利息支出与收入从而管理税款后，西尔斯规则就不再去干涉他们的债券发行。

现在银行和其他机构都强烈要求房地产抵押贷款投资渠道信托也给他们一个机会好同担保抵押债券发行人来竞争。不过之后，对多层级担保抵押债券来说房地产抵押贷款投资渠道信托也被认为是唯一可以避免西尔斯规则的方法。这也是给了大银行和政府支持机构一项垄断特权。

然而房地产抵押贷款投资渠道信托取代其他形式的抵押贷款支持证券其实也不是巧合。它们成为唯一留存的担保抵押债券形式，也直接导致了银行和政府金融机构对担保抵押债券交易的垄断。

在房地产抵押贷款投资渠道信托的垄断下，税法阻止了来自非金融企业发行担保抵押债券的竞争。即使是美国国税局发现纳税人应该能够选择适当的结构来合理避税，房地产抵押贷款投资渠道信托仍然维持着它的垄断地位。而这也是导致20世纪80年代市场危机的潜在问题之一。

　　"大而不倒"的银行用他们廉价的资金和在 1998 年美国证券交易委员会（SEC）规则下获得的原始优势垄断了债务发行市场，而政府控股企业则是在虚假的表外账务和房地产抵押贷款投资渠道信托垄断的帮助下主导了抵押贷款证券市场的长期持有。随着二级市场的扩张，"大而不倒"的银行用短期融资的优势将垃圾贷款抛给了在长期债务市场占主导的政府支持机构。

　　非私人企业或者资产支持证券（ABS）的发行人倒是可以和政府支持机构一较高低，尤其是当政府支持机构投机于那些他仍然承担无限责任的证券的时候。由于政府支持机构在这些证券上是需要承担义务的，所以若这些资产可以默许不被披露则令人非常气愤，不过这正是双方所干的勾当。这就相当于一个制造商买了他自己的债券，打包再重新出售，然后表态这跟自己毫无关系。倒不如直截了当地说这就是一场骗局。

　　"大而不倒"的银行通过在货币市场买卖商业票据进行融资，从而获得抵押贷款发行市场上的优势地位，并且当 1998 年美国证券交易委员会的 2a-7 修正法被采纳后，这一举措就更加迅速地被推广了。确保银行利用短期结构投资工具（SIVs）在货币市场无限融资可以说是华盛顿犯下的大错误，这不仅使得"大而不倒"的银行垄断发行市场，还反过来将那些贷款转手抛给垄断的政府支持机构。

　　1992~1998 年，美国证券交易委员会规则还未改变期间，发行市场还有足够的竞争者，随后，这种局面就结束了。

　　2001 年之后，随着市场的发展，抵押贷款市场产品的信用情况进一步恶化。巨型保险公司 AIG 几乎垄断了整个的信用违约互换交易，它挑起了一场因国际贸易伙伴贪得无厌的胃口所引发的竞争。这些国际贸易伙伴大都是为了出口商品到美国或通过投资来平衡他们的国际账户，而他们的投资品也是或多或少由政府支持的证券。

　　布拉德利·波顿和大卫·赖斯提到在 21 世纪的第一个 10 年里，华尔街企业利用房地产抵押贷款投资渠道信托的免税优势滥用了国内税收服务法规，从而产生了这样一个问题，那就是这项工具是否具有合理的结构。

2012 年，纽约首席检察官提起的一项指控里谈到华尔街的贷款发起人和房地产抵押贷款投资渠道信托的担保者是如何勾结在一起操作不符合规定的房地产抵押贷款投资渠道信托的。

到 20 世纪 90 年代，房地产商已经不再热衷于他们发明的担保抵押债券了，他们也发现金融机构的房地产抵押贷款投资渠道信托担保抵押债券缩小了新发行的抵押贷款证券与 10 年期国债间的利差，这使获利机会越来越小。商机似乎来源于各种漏洞和诡计花招，而这些都掌握在大银行和政府支持的企业手中，因为他们可以创造无限的杠杆和表外资产来逃避资本监管。

美国证监会在 1998 年 2a–7 法规中的变化使问题更加复杂化，因为它默许了银行在货币基金市场上的垄断权。1992~1998 年，那些使银行支持机构定价更公平的、分散化的非银行资产支持证券化过程也被切断了。新规则颠覆了资产集中度的限制，本来一家货币市场基金是不可以拥有超过一家公司 5%的股权的。美国证券交易委员会规则的变化使得一家银行可以是 20 个甚至更多短期结构投资工具背后的单一持有人，也就是说一家银行可以拥有任何资产 100%的权益。

这样一来，银行控制的机构几乎垄断了美国金融市场的短期商业票据（CP）发行市场。在一系列发生在 1998 年后的市场泡沫中，他们反复利用那 67 万亿美元的国际和国内融资，即使担保抵押债券具有内在的稳定性也难以应对这样的情形①。

在像中国这样的主要出口国家给美国带来史无前例的流动性的时候，银行监管者、会计师以及美国证券交易委员会事实上都默许了一些大银行和政府支持的企业对抵押贷款市场进行完全的控制。美国巨大的贸易赤字导致同样大规模的美元反流到美国的金融市场，过度的流动性因此也助长了抵押贷款证券市场的泡沫。当外国投资者涌入美国以践行他们所遵循的

---

① 对于美国证监会 1998 年 2a–7 法规修正案影响的深层讨论，见菲尔德坎普（2005），pp. 223–232.

古老的重商主义时，利差自然而然就迅速缩小了。那些"大而不倒"的企业也开始降低对贷款的质量要求，这样他们就可以以更便宜的价格买入这些债券并获取利差。房地产商则不敢这么做，他们可不是"大而不倒"，一不小心就真有可能倒闭。他们宁可选择去盖房，因为即使是担保抵押债券盛行时一般消费者也不太可能这么做。

在出售担保抵押债券时，通过前后利差和表外资产来假装风险不存在，金融机构成功地让一项本来神奇的产品和世界经济"一起撞向地面"。随着投机分子学会了如何利用衍生品卖空低质量的交易，底部的竞争加剧了。到 2008 年，现代史上最伟大的一项金融发明终结了，也顺带摧毁了全球经济。

在稳定的市场环境下，好的担保抵押债券其实还是对市场运行有利的，但前提是交易的确是基于无风险套利条件进行的，并且以基准产品的利差为代表的市场进行波动时，对该类债券工具的使用范围增大，否则他们就会沦为欺诈的工具。当风险资产加入到这些交易中时，如果没有办法解决欺诈性问题而想理顺结构几乎不可能。

不管被滥用的情况是否存在，1998~2008 年发行的担保抵押债券的确增加了市场的波动性。他们最开始是被设计成持有到期的产品，但当危机爆发时，原始持有人不得不放弃这个想法卖掉手里的工具。我们现在知道当市场变得不稳定时，担保抵押债券也从反周期资产变成推波助澜的工具，从而加剧市场的不稳定。简单来说，它们成了毁灭性的武器。

毫无疑问，国会和监管者都明白他们要做什么，过去 12 年里，一些允许重建担保抵押债券市场的提议上交到了国会。正如上面提到过的，美国国税局的打勾原则（Check-the-box Rule）使得房地产抵押贷款投资渠道信托的垄断成为不合逻辑的标志。同时，美国证券交易委员会需要解决 1994 年危机背后真正的问题，也就是负凸性问题，并停止他在 1998 年 2a-7 修正案中给予大银行和政府支持的企业垄断特权的行为。

这些措施都是有利于投资人、美国甚至整个世界的，然而国会和美国证券交易委员会却晚了至少 10 年才明白这一点。

第九章

1992~2008 年：金融的兴起、衰退、复兴和毁灭

在《金融市场中的法律和经济学》一书中，作者（Feldkamp、Lane 和 Jung）不仅详细描述了担保抵押证券及其他金融工具的组成和条款，而且，还详细追述了截至该书出版前（2005）这段时间里，这些衍生项目及其资金的流动状况。现在看来，想要完美地将某段历史的方方面面都记录下来是不太可能的。毕竟只有经过时间的检验，我们才能知晓哪些好的方面是可以保留的，又是哪些坏的方面造成了金融的不稳定。直到那时之前，我们都很难为读者呈现一段真实、客观的历史。

在接下来的部分，我们将为读者提供 5 份不同时期经验数据的总结性图表和 1 份总结性的表格。尽管深知企业的风险类型，以上材料分析大多都基于弗莱德对市场的每日观察，实时观察分析并按时发送给全球金融精英以供参考。一些读者有可能会说该评论忽略了重要细节，另一些则认为该评论的复杂性超过大家的承受范围，对于以上问题，我们对提出者深感抱歉。本部分是基于图书馆中该时期大约 3 万亿美元的资金流动交易记录所做出的客观讨论。尽管与所有投资参与人的合同规定权利相比，这些材料是微不足道的。

及时达到均衡状态

图 9.1 描绘了两种利率的变动情况：（1）房利美和房地美公司发行的、

最新美国住宅抵押贷款 30 年期固定利率；（2）美国 10 年期国库券。该图
描绘了 50 年内美国次级债市场的稳定性（1963 年 1 月 1 日至 2013 年 10
月 17 日）。这也是美国住宅建造产业和美国"产权梦"最初开始的地方。

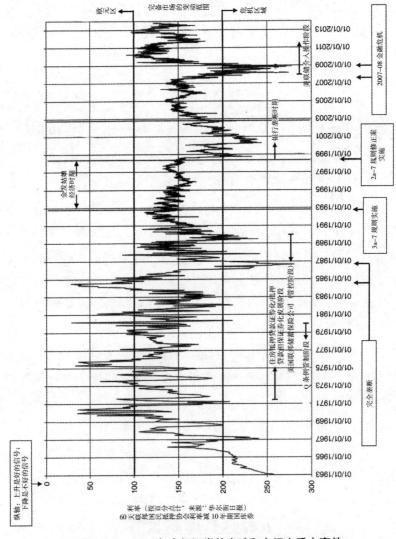

图 9.1　1963~2013 年次级证券的变动和市场上重大事件

资料来源：1963 年 1 月 1 日至 2013 年 10 月 17 日《华尔街日报》；60 天联邦国民抵押协会利率
减去 10 年期国库券利率后的值。

　　该图显示了 20 世纪 60~70 年代加强市场管制的 Q 条例发挥作用前后这段时间，以及 1971~2013 年政府国民协会抵押贷款证券发行后这两段时期中市场流动性的变化。它同时描绘次级证券市场的演变过程：市场参与者设计开发最初担保抵押证券产品的时期；被称为"金发姑娘经济时期"的 1993~1998 年，此时理查德·布里登作为美国证券交易委员会主席着手组织制定一系列美国证监会的条规；自 1998 年起的混乱时期，证监会主席亚瑟·莱维特于 1998 年所实施的 2a-7 改良条款彻底打乱市场。直到 2007 年底，联邦政府决定干预市场，一改之前一蹶不振的状态，市场才重回 1993~1998 年的稳定繁盛状态。

　　总体来看，图中间部分的"金发姑娘经济时期（指的是维持适度增长和低通胀的经济）"是在长期连续性"动乱"中短暂的平稳期。这 6 年时间显现出美国最佳的市场政策的有力效果。大家在寻找使市场保持均衡的原因的过程，以及打乱了该均衡的原因的过程，就是理解市场均衡理论如何运用于市场实践之中的过程。

　　下文将进一步详述 1987 年以抵押贷款为基础的证券市场是如何被严重扰乱的。到 1990 年，该市场几乎恢复到均衡状态，并在实施 3a-7 法规后的 6 年中保持该平稳状态。其中，3a-7 法规是在 1940 年投资公司法案和 1992 年的相伴性法规——注册规则的基础上制定而成的。

　　1992 年美国证监会发布的 3a-7 规则中，特别地将某些特定的、以资产为抵押物的证券发行者归类于投资公司的范围。因而，以次级债为基础的证券发行者和以其他债务形式为基础的证券发行者的市场地位相同。在 1998 年，市场垄断者极力促使证监会实施 2a-7 规则（货币市场基金一直受 1940 年原则的管制）之前，该变化立刻引起良好的市场反应。如上所述，有可能 1998 年规则的改变引发了美国近期的几次金融危机，特别是 2007~2009 年金融危机。

　　因此，理解美国证监会两次关键规则改变后的政策影响是极其必要的。自 1987 年股市崩溃到乔治·布什政府执政结束的这段时间，美国虽然已解决了众多问题，但金融市场仍旧处于试图保持平衡的状态。包括弗莱德在内的众多律师都在帮忙寻找引发市场失灵的原因。几乎每个律师都认为由于抵押贷款证券的存在，抵押贷款市场得以保持均衡；但对于非抵押贷款资产市场而言，是不存在这样类似的平衡工具。因此，当投资者偏好从抵押贷款证券转移到短期有价证券时，在非抵押贷款金融市场中并不存在同抵押贷款证券类似的工具。那些已到期的短期非抵押贷款类证券需在法律上获得同抵押证券相同的法律豁免权，才能获取货币市场基金的投资。而美国证监会之所以在法律上给予抵押贷款证券更多的豁免权，使其免受其他类投资公司的相关限制，是在证监会多年经验的帮助下，出于对抵押贷款证券结构的肯定，而非由于抵押贷款证券拥有特殊的担保物。

1999 年 12 月，布里登主席还未离开美国证监会，比尔·克林顿已经当选了美国总统，美国证监会采取了 3a-7 规则和新的登记规则。数年后，弗莱德的一位客户在此期间一直执行该规则，他曾比喻道：布里登主席所能回馈给众多精英的只有 36~48 厘米厚的霉菌。在实施该规则后不久，布里登主席离开了美国证监会，实际上他并不太清楚该变化对市场和美国经济的重要性。1992 年的 3a-7 规则疏通了非抵押贷款证券市场上的堵塞，并就经济增长而言，使克林顿执政期间成为美国半个世纪以来政府执政最成功的典范之一。

在短短数月内，人们将抵押贷款证券化的技术应用于非抵押贷款资产、短期次级贷款机构和货币市场基金。美国证监会实施的 3a-7 规则，极大地促进了非银行性的金融交易活动。1992 年，通用公司损失 230 亿美元并在数周内面临着破产危机，一系列针对公司金融部门展开的非银行金融活动从危机中挽救了通用和通用汽车金融公司。金融市场专家运用他们的创造力和 3a-7 规则，以高收益率为诱饵，以有资产担保的证券和抵押贷款证券为基础，发行新的商业票据。该规则有助于非银行部门同银行在市场上通过竞争，销售商业票据给货币市场资金。

然而不久之后，投机者便密谋改变该规则。就像所有禁令一样，每种规则的改变都会给市场和社会带来正负两方面影响。金融市场上，某些鬼鬼祟祟的参与者设计出以衍生性抵押贷款证券产品为担保物的商业票据。

当市场利率极低且可将抵押贷款证券轻松卖给货币市场基金时，此类商业票据看似是极具安全性的。当市场利率上涨时，这些金融产品的负凸性以极快的速度增长，以至于当美联储于 1994 年初上调按揭利率时，这些票据很快就处于令人崩溃的边缘。

正如前面提到的，由于利率上涨造成损失的例子之一是基德尔和皮博迪公司。当 Askin 基金破产并无法完成回购交易时，该公司归属于通用公司旗下。这些短期贷款的抵押物是衍生性抵押担保证券产品，它们的期限受利率变化影响，从 2 年变为 20 年或更长的时间，且价格也迅速下降。基德尔公司被分配到通用公司旗下最好的子公司——通用资本金融公司，之后通用公司将剥离资产、只剩外壳的基德尔公司卖给普惠公司，并将原资产吸纳于通用公司的长期投资组合之下，在市场完全复苏之前不作处置。

美国证监会和其他监管者在当时并不太清楚市场到底发生了什么。之后，美国证监会试图对一位基金经理进行定罪，鉴于该经理投机性地将衍生性抵押担保证券包装成短期政府支持的企业证券出售。该基金组合中的短期机构证券市值在一个季度中下降了大约 25%。该种行为在金融领域属于欺诈行为，但美国证监会却很难说服法官将其定罪。由此可看出，在 1998 年之前，证监会完全不了解快速增长负凸性所带来的不良后果。因为在上述案例审理中，该协会并不能很好地向陪审团解释期权调整期久的概念。①

当时的主席亚瑟·莱维特却并未着手解决 1994 年市场上显现出的问题，反而于 1998 年制定实施 2a-7 规则。该规则导致那些资质良好的非银行商业票据发行者无法再发行票据，并促使银行成为以资产为抵押、最大的商业票据发行垄断者。更糟糕的是，该规则允许每个有银行背景的结构投资载体发行大约占每个货币市场基金所管理资产市值 5% 的票据。因此，

---

① 期权调整持续期衡量了一个抵押贷款证券的凸性。如果你将期权调整持续期视作投资者收回其在抵押贷款证券所做投资的时间，那么对于那种"吸盘"证券（即衍生性典型抵押担保债券）的持续期变化可以达到 2~20 年不等，这是因为银行还款量的下降意味着偿还资本的速度也会被显著地延误。这导致债券的价值大幅下降。

大型银行可创建 20 个银行担保的结构投资载体，承担货币市场基金需要的所有商业票据。另外，当其他投资者承担结构投资载体中转机构的部分风险时，根据银行资本金的规定，可将所有资产均作为表外资产。从历史角度来看，这种行为无疑属于变相欺诈。例如，雷曼兄弟就曾经依据 1998 年 2a-7 规则而创造了臭名昭著的雷曼 105 回购交易品。

综上所述，美国证监会的 3a-7 规则造就了 1992 年开始的"金发姑娘"时代，而 1998 年的 2a-7 规则打破了该平衡，在资产证券化市场中造就了以大银行和美国政府赞助机构等为首的巨型寡头。弗莱德·菲尔德坎普在 2005 年所著书中详细描述了美国证监会"无心之失"对现实金融世界的影响——以 1998 年的对冲基金危机为例。

那么，我们可以看到只有少数短期证券交易者才意识到的、对投资公司法案 2a-7 规则的改变，打破了原有的良性流动性循环（促成了金融市场有史以来首次均衡状态），并引发 8 年内最大规模的公司债务危机。打破平衡的依据，可参看之后 4 年中它们对经济的总体影响：直到 2002 年第三季度末，评级与未评级公司证券的利差明显。小型未评级成长型公司相比于 AA 级的竞争者，需每年多支出 1700 亿美元的利息支出。在市盈率是 20 的情况下，会带来 3.4 万亿美元的公司价值减值的损失。据华尔街经济学家拉里·库德洛的估测，此时股票市场也遭受到了相当数额的损失（3.4 万亿美元）。

2009 年，在美联储市场重建计划的帮助下，抵押信贷市场中开展新的借贷活动，市场很快得以有效恢复。美联储顶住层层压力，通过对抵押信贷市场的干预，极力保证了 2009 年以来该市场的稳定性。尽管仍存在着一些结构上的困难，一部分美国人仍可利用极低的市场利率重新融通抵押贷款产品。当然，由大型银团和美国政府赞助机构等房地产抵押贷款结构所组成的寡头们继续运用各种方式，阻止房主行使法定再融资权利。美国政府需重建 1993~1998 年的各种市场组成要素，以恢复私人部门对市场的控制。我们建议在以下三方面进行改变：

（1）修订美国证监会 2a-7 规则。

（2）结束出于税收目的而制定的房地产抵押投资渠道的排他性状态，促使非银行机构重新发行私人、分离的抵押担保债券。

（3）需针对最初的房屋抵押贷款人设定新的后续还款条约（在进行该修正前，需首先修改美国的破产法条款）。

在次级债利差图（图 9.1）的基础上，图 9.2 展现了我们对公司债和股票市场的分析。其记录了 1987~2012 年这 25 年以来的市场表现。图 9.2 中的点线图描绘了图 9.1 中的利差，短划线代表公司债市场上高评级产品与高收益率证券产品的利差差别。此划线以公司债市场上由不同投资银行计算出的两个私人部门指标为基础制得。这些比率指标均可在自 1987 年开始的《华尔街日报》上查阅到。

2007~2009 年突然发生的危机有可能影响到公司债市场上的数据，因而图 9.2 中的短划线的真实性存疑。但是这些数据也是我们现在所能得到的最优数据，因为证监会自 2005 年开始才要求参与者报告所有的公司债市场即时交易数据。

从图 9.2 可知，次级债市场和公司债市场同标准普尔 500 指数（实线）的变动趋势一致。该图也印证了美联储主席伯南克和肯尼思·库特纳得到的结论：证券市场的（风险）变动是引起股票市场波动的重要力量之一。

表 9.1 进一步证明了图 9.2 中的变动情况是该趋势的主要决定因素。表 9.1 中，在资本投资市场中给定任意的时间点和现金流动规模，令 i 等于债权利差和基准利率之和，计算复利，$FV = PV(1+i)^x$。股票和证券价值依此式计算未来的预期现金流。因而，不论投资者采取何种规模的现金流和回购条款，关键项还是 i。该表格显示了在证券利差和基准利率不同的情况下各种未来现金流的现值。表 9.1 为读者介绍了当债务数量固定时，在每种设定利率和利差假定基础上股票价值的变动情况。

这也是在图 9.2 中信用利差（点线图和短划线）上扬，股票价值（实线）下降的原因，反之亦然。因此，图 9.2 中的曲线变动呈反向变动关系。当利差上涨时，所有曲线均呈下降趋势，反之亦然。该图表现了信贷

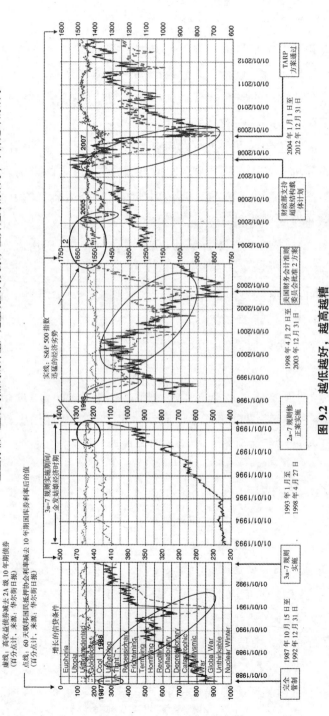

图 9.2 越低越好，越高越糟

资料来源：高收益债券与 2A 级 10 年期债券与 2A 级 10 年期债券和 60 天联邦国民抵押协会利率差和 60 天联邦国民抵押协会利率后值（以百分点计）数据来源为
1987 年 10 月 15 日至 2012 年 12 月 31 日期间的《华尔街日报》。

表 9.1　上升是好的讯号，下降是坏的讯号

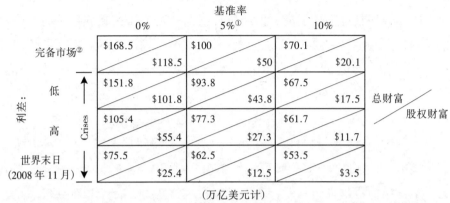

	基准率		
	0%	5%①	10%
完备市场②	$168.5 ／ $118.5	$100 ／ $50	$70.1 ／ $20.1
低（利差↑ Crises）	$151.8 ／ $101.8	$93.8 ／ $43.8	$67.5 ／ $17.5
高	$105.4 ／ $55.4	$77.3 ／ $27.3	$61.7 ／ $11.7
世界末日（2008年11月）	$75.5 ／ $25.4	$62.5 ／ $12.5	$53.5 ／ $3.5

（总财富 ／ 股权财富）

（万亿美元计）

注：①2005 年，基础利率为 5%，资本市场共创造了 100 万亿美元的财富值，并以大约 50∶50 的比例在股票市场和证券市场上进行分配（菲尔德坎普，2005）。
②在完美市场（亚当·斯密和 1969 年公平竞争委员会定义了该名词）上，长期负债出现 150 个百分点的利差，现金流动的股票市场上出现 250 个百分点的利差。

市场变化是如何推动股票市场变动的。

弗莱德·菲尔德坎普在 2005 年的书中，曾运用图 9.2 的早期版本来描绘在良性稳健经济（Virtuous Economies）（或"金发姑娘经济时期"）中的市场反应，并运用上图解释其他的问题。

美国证监会曾发布这样一条规则：依据 1940 年投资公司法案，将破例允许以抵押贷款为担保发行的次级证券市场自由运行和发展。因此 1990 年的短划线表明：次级债市场和公司债市场趋于平衡状态。当参与者将无风险套利同单一的抵押担保证券相结合，以减缓繁荣—萧条时期的大幅跌涨问题时，美国抵押贷款市场呈现以下特点：自 1986 年以来在平稳中艰难增长；1990~1998 年市场平衡被打破之前，市场在均衡中平稳成长。直到 1992 年末，公司债市场才完全摆脱 1940 年 3a–7 规则的束缚，而这些市场还需几年的时间才能重新回归 1997~1998 年那样良性稳健的市场状态。

1998~2009 年，抵押贷款市场与公司债市场上的不稳定性引发了一系列金融危机。自 2006 年以来，银行和美国政府支持机构等运用低信用评级的抵押贷款（为了补偿银行管理层而设计的短期盈利工具）以表外资产

形式进行投机，这些投机损失的不良影响开始扩散到市场中。当这些支撑着劣质证券和其他衍生品的标的物不良抵押贷款无法按预期还款时，表外损失的影响迅速传播到资产负债表中去。这暴露了表外负债项目的欺诈性。2008 年，该过程加速，市场上大约冲减掉 67 万亿美元的股票价值。市场信心骤减，股票价格暴跌。图 9.2 中的所有证券市场（主要指居民抵押贷款市场和成长型公司的证券）利差幅度骤增。由于一系列的政策漏洞，该危机一直持续到 2009 年，此时大多数金融机构的损失已达到峰值。

事实上，在 2006 年，那些如华盛顿互惠银行、花旗银行等臭名昭著的、不良抵押贷款证券的发行者们已经在运营压力、资产和对外信贷量方面显现出公司运营不力的迹象。然而投资者和美联储的管理者们却忽略了这些信号，未能及时采取相应的措施。

观察图 9.2，会发现银行和美国政府赞支持构等针对分离的抵押担保债券获益后的反应，是导致 1987 年美国股票市场崩盘的主要原因之一。观察图 9.1 和图 9.2 上那个时期的市场表现，可看到 1987 年 12 月以前利差达到峰值（图 9.1 的图表线与图 9.2 的虚线和短划线呈下降趋势）。也是在这一时期，由于房地产抵押投资渠道的排他性，那些急需住宅抵押贷款的建造商和为其提供稳定资金源的相关机构被驱逐出抵押贷款证券市场。大型银行、美国政府赞助机构等和金融公司们获得市场掌控权，类似于德崇证券这样的次级证券开始大量进入市场。

一些发现房地产抵押投资渠道（金融机构和美国政府赞助机构等为了垄断市场所创造的工具）不良影响的投资者开始逐步卖出所持有的抵押贷款证券。当他们卖出手中产品后，却发现在公司债市场上找不到合适的类似产品进行投资。这意味着在美国市场上，只能投资通过政府—银行垄断模型生成的信贷产品，并以此进行套利；它破坏了自 1694 年英格兰银行成立以来，英国和美国所形成的蓬勃兴起的自由市场状态。由于美国股票市场在 1987 年开始交易程式买卖（它是以信贷市场已达均衡状态为错误假设基础而设计的产品）从而扩大了上述不良影响。因此，程式交易可以顺应经济周期并加强市场的反应度。

市场已达到均衡状态的理论似乎很符合逻辑。在 1987 年以前，公司债市场已多年保持相对均衡状态。该市场甚至平稳度过了那场灰暗的储贷危机。鉴于大多数人不能够像 2005 年以后那样获得可靠而完整的数据资料，只有一部分人观察到了该时期图表上信用利差大规模的变动幅度。

在一个均衡信贷市场中，当利差扩大时都存在着反方向的要求降低利差的力量。直到 1987 年秋，市场的不完备性毁灭了美国投资者均衡市场的美梦。抵押贷款产品和公司证券产品的利差同时达到峰值，并不随投资者的需求出现反向增长的情况。因此，投资者放弃股票市场，再加上程式交易的作用，引发了更大的一次危机。

美联储就 1987 年 12 月危机所做出的反应是，第一次实施了"格林斯潘看跌期权"——中央银行向市场中注入大规模的流动性来抑制过激的市场修正。美联储向市场中注入了大量的银行流动性资产和衍生品，为那些无法补仓的证券交易员提供极大的帮助。美联储进行干预的第一天，克里斯·惠伦在贝尔斯登有限公司的固定收益部门工作，当纽约股票市场暂时放开跌停下限时，伦敦的每个证券交易员都属于抵押品做空方（Short Collateral）。许多银行通过购买证券的方法努力逆转利差处于峰值的状态，而股票市场逐渐通过自己内部的力量恢复正常。在美国尚未完成市场改革的状态下，是很难通过私人部门的需求来延长经济周期，缓解银行垄断所带来的市场恐慌，并达到持久的金融稳定性的。2007~2009 年发生的事件表明，在创造出一个不以银行为垄断中心、维持私人部门持久均衡的新机制之前，市场仍旧要依靠"格林斯潘看跌期权"进行调整。

正如上面所述，专家们曾向美国证监会建议，1987 年危机下隐藏的根本性问题是没有成功的打开市场，并且未进行结构性的改变，即并未让非抵押贷款金融资产（公司证券和其他信贷工具）获得同 1986 年的抵押贷款一样的市场准入权。1992 年，我们终于在乔治·布什选举失败，比尔·克林顿竞选成功后，修正了该问题。当时，市场还在努力从之前的三次冲击中恢复过来，布什政府曾努力解决这些问题以赢得连任选举，但因时间过短未能成功，它们是：

（1）储贷危机。

（2）之前公司债市场中未解决的历史遗留问题。

（3）信贷市场的利差峰值，对住房、汽车等需求下降，以及同 1990 年末伊拉克入侵科威特相关的问题。

几个依靠资源优势勉强度过几次危机的美国巨型公司（包括 IBM、Sears 和通用公司）在 1992 年却显现出基础不稳的情况。1992 年末，美国证监会开始实施 3a–7 规则等一系列的改革性规则。这为从事非抵押贷款的私人金融资产中介机构在市场上获得等同的权利奠定了坚实的基础。当时的国会并未废除禁止银行参与投资银行活动的 Glass–Steagall 条例，故 1992 年的改革无形中为非银行经纪公司创造了一个可自由发展的新兴市场，感兴趣的企业家可在银行系统之外进行各种非抵押贷款性融资，促进经济增长。从 1988 年的储贷危机至此，由于银行在借贷市场上的垄断权，美国市场已饱受传统商业借贷之苦，银行垄断问题也在每次危机之后都显现出来。

1992 年美国证监会改革的初始影响甚至超越了 1983 年分离的抵押担保债券在市场上的成功。3a–7 规则造就了几年后良性稳健的经济状态。而这些改变都源于通用公司特殊的金融需求。

20 世纪 80 年代末至 90 年代初，受金融危机和通用公司内部经营问题的影响，通用公司决定利用一直松散管理的旗下通用汽车金融公司的力量，实施反周期的融资决策。在发生大危机之前和大危机中，通用集团都成功地利用通用汽车金融公司，在信贷市场为汽车销售商和顾客们提供支持。

1987 年危机有以下经济影响：首先是为解决 20 世纪 80 年代标准普尔危机所付出的代价——1989~1992 年经济下滑；在伊拉克入侵科威特的背景下，出于石油和国防问题的考虑，危机中对市场信心骤减，最终导致美国对汽车需求的下降。在急需进行流动性支持的大背景下，许多银行家仍认为需要紧缩开支，继续削减对汽车销售业的各种融资项目，如果通用汽车金融公司未通过商业票据市场支持汽车销售商和消费者，他们则不得不在所剩无几的银行融资市场上进行激烈的竞争。

20 世纪 80 年代末至 90 年代，汽车行业的衰退更大程度上是受海湾战争迅速胜利消息的影响，自此国防防御开支需求锐减。在布什总统执政期间，政府不得不提高税率来支援海湾战争以稳定市场。在战争结束的一周内，当信用利差不能下降到给予私人部门足够成长空间的水平时，上调后的税收收支不平问题阻碍着经济发展。

除此之外，一早就需要进行的会计改革影响着通用公司和通用汽车金融公司。在 20 世纪 90 年代前，通用集团对通用汽车金融公司的管理相对松散，但之后有所改观。组建之初的通用汽车金融公司是为了在受法律保护的前提下，于 20 世纪 20 年代和大危机中迎合非担保债权人的融资需求。法律提供的保护包括出于保护所有信贷者的考虑，禁止在没有总担保情况下发放信贷。根据 1925 年美国最高法院大法官布兰迪对欺诈的定义，任何支持非担保抵押人的无抵押性条款都不存在。

出于对会计合并原则的考虑，评级机构曾在通用汽车金融公司商业模式远不如通用集团那样具有周期性的情况下，仍给予通用集团和通用汽车金融公司同等的信用评级。除此之外，1992 年末开始施行的新会计准则要求通用公司将公司退休员工的未来医疗保险金纳入财务报表中。因而，当年通用公司会计报表上显示了 230 亿美元的亏损。

然而在 1992 年末，一些主要评级机构降低汽车金融公司的信用评级。在低一等的信用评级下，即使有备用银行和担保资产的支持，大多数发行的商业票据都滞留于自己岌岌可危的分销商——西尔斯公司手中。西尔斯公司大约只持有 1/6 的 1992 年末到期的商业票据。再加上无担保的条款，美国汽车金融公司并不能如西尔斯公司一样将商业票据用于担保换取资金。因此，汽车金融公司大多数的商业票据将在 90 天内到期。

通用公司和通用汽车金融公司几十年来一直拥有自己的备用融资银行，以备危机发生。在上述情况下，银行无疑需挺身而出力挽狂澜。尽管通用公司 1992 年的绝大部分损失是来自于会计准则变化后骤增的退休保险支出，但银行却不愿借钱给通用公司和通用汽车金融公司。而那时，现在金融借贷市场的重要领导者——摩根大通还归属于化学银行（之后被并

购成为摩根大通银行）。化学银行（大约作为备用行收取上述两公司 5000
万美元的费用）随后成为解决通用公司融资困难问题的国际银团领导者。

经过一段长期审慎的调查之后，银行认为他们可以解决这个难题，但
通用和通用汽车金融公司需在未来 5 年内支付出比福特公司高 400 个百分
点的利息费用，通用公司会由于这些高额的费用而破产。当时，有些人在
猜测通用公司是否会仔细考虑大型银团的提议，毕竟该状况同 1907 年摩
根先生和田纳西州煤、铁和铁路集团所做的交易相同：摩根银行以该公司
的证券作抵押，将美国财政部的现金借贷给该公司，导致几乎整个煤铁公
司的资产都被转让给美国钢铁。

从某种意义上讲，20 世纪 90 年代的银行家们在重新演绎大危机时美
国通用公司所经历过的事情。1910 年，以塞利格曼公司、库恩和罗卜为
首的辛迪加银行财团从当时著名的市场掌控者——通用公司创始人威廉
姆·杜兰特手中接管过该公司。正如我们之前提到过的，杜兰特作为华尔
街的投机者，通过 20 世纪初连续 20 年针对小型汽车制造公司的大胆收
购，整合创建了今天的通用公司。

杜兰特本人是个巨额财富的创造者和失去者，这意味着通用公司只依
靠自我融资运行，极易受市场和宏观经济变化的影响。1915 年，杜兰特
收购了雪佛兰公司，并同杜邦家族结成联盟，重新夺回公司掌控权。但杜
兰特进行管理的时间也是极短的，1920 年，杜兰特再次也是最后一次被
驱逐出公司。1923 年，阿尔弗雷德·斯隆成为通用公司的主席。

管理天才阿尔弗雷德·斯隆通过分散化经营，巧妙地运用杠杆将通用
公司打造成行业内最盈利的企业，但将通用公司打造成为最好的工业企业
还需数年的时间。通用公司度过了大危机，并在"二战"前后运用斯隆的
杠杆模型逐渐发展壮大。

70 年之后，银行再次在危机中向通用公司伸出了援助之手，尽管是以
上浮 400 个百分点的利息成本为代价。并且，银行希望将该费用的行权期
延伸到 5 年，通用公司不得不因此而破产。巴巴拉·塔奇曼和约翰·梅里曼
指出当时的政府、和政府交易的商人都面临着相同的惩罚性利率（塔奇

曼，1984；梅里曼，2010）。

在美国证监会采取 3a-7 规则之前，美国通用公司放弃银行的唯一对策就是破产。每个商人和政府都知道你千万不要惹恼一个银行家。自1993 年开始，3a-7 规则和抵押贷款证券化技术的出现允许通用公司和通用汽车金融公司以通用汽车金融资产为抵押担保，创造出全新的非私人企业或资产支持证券市场。此时公司虽然还需银行的帮助，却摆脱了银行通过贷款项对流动性的垄断控制，结构规划者直接通过市场进行融资，拒绝银行家的高溢价要求。

通用公司可通过低于福特利率而高于 1993 年 2 月中旬的美国财政部债券利率的水平，对通用汽车金融公司进行融资。因为通用公司在公开市场上可以获得无限的融资资源，因而通用公司和通用汽车金融公司在1993 年 3 月再次进行银行融资时的信用利差降低不少。

当负债超过资产时，公司并未选择破产申报程序（被称为法定破产）。当一位重要债权人的还款要求未能满足时（被称为不能清偿到期债务），发生法定破产。在通用汽车金融公司所发售的 200 多万亿美元的商业票据中，如果部分票据未能在 1993 年前几个月到期前得到清偿，通用汽车金融公司就不得不进入破产重组程序。

在 2008 年政府出台法定不良资产救助计划（它允许政府同银行就通用的重组条款进行合理性的协商）之前，没有人认为公司重组计划会成功。

在没有对策的情况下（在未采取 3a-7 规则之前，通用或通用汽车金融公司的财务金融规划师们都无力解决该问题），通用金融和通用汽车金融公司不得不在 1993 年前 3 个月内进行清偿破产。大约 200 万人将会立刻失业，政府的养老金福利担保公司将会背负起一笔巨额甚至难以估计的债务。简而言之，克林顿就职为总统后，整个国家面临着同 1933 年罗斯福就任相类似的局面——由密歇根银行破产为开端，开始一段混乱不堪的时期。

在美国证监会 3a-7 规则的指导下，通用公司运用分离的抵押担保证券技术，建立了新的市场结构。一位追溯通用公司危机的作者发现，到

1993年2月底，通用公司危机中最困难的时刻已然过去。

该作者在陈述最困难的时刻已经过去这一观点时，并未就具体的状况进行详细的描绘。通用公司的伤口开始愈合，但没有人知道具体的原因。这些谜团中包括，通用救助计划的融资结构是否存在其他缺陷，以及相当于公司几年的数以十亿计的债务额和200万美元的金融公司资产流向了何处。

如今，1866年5月白芝浩有关溢价的宣言已然过时。我们不再以惩罚性的利率为代价获得足够的资本投入。通用公司的特殊经历甚至导致垄断性银行在未来5年只收取400个百分点（每年4%）利率的行为。即使通用汽车金融公司清偿了所有商业票据，银行的该种惩罚性利率仍会导致通用公司的破产。

美国证监会在1992年采取3a-7规则，给予公司足够的市场自由之后，市场上将不会再存在惩罚性利率。通用汽车金融公司以与美国国库券同等水平的利率进行融资。这体现了在政府—银行垄断控制之外自由市场的力量。

通用汽车金融公司利用3a-7规则所创立的新的市场结构，最大化地保护了每个投资人的利益（对于每个借款人而言），即使最保守的分析师也将该结构定义为无风险结构。通用公司为避免垄断性融资而创造的新方法使得白芝浩关于溢价的宣言失效。2007~2008年金融危机之后，世界中央银行的领导者也开始采取该方法。

通用公司和通用汽车金融公司所利用的分离的抵押担保证券技术改变了公司债市场中的一切。在本书前两张图中（图9.1和图9.2），自1992年末到1998年第二季度，被称为"金发姑娘经济时期"。制造商通过融资手段保持企业长期稳定的经济循环，而非通过短期投机获利，在这6年的美国金融市场中，当利差增大时（防止再次出现峰值），对证券的新需求增加；当利差降到标准水平以下时，证券供给量减少，即信贷市场始终保持均衡状态（抑制过度繁荣）。此时的美国市场充分证明了金融稳定性理论和亚当·斯密储备银行模型的有效性。

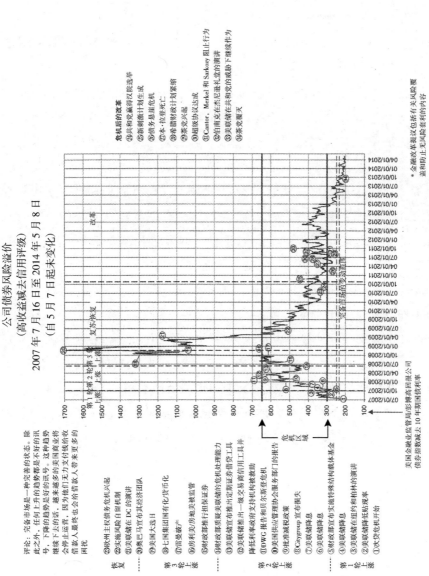

图表 9.1 2007~2014 年公司债券市场的风险溢价

　　评论：完整市场是完美的。在此之外，上涨是坏的信号，下跌是好的信号。当大势趋于增长时，许多美国商业由于无力负担高额的利息支出而停止经营，最终给贷款者带来难题。

——弗莱德·菲尔德坎普

　　现在看来，银行向通用公司提供 400 个百分点的利率数据与 1998 年后相似情况中上涨后的利率相比，是极其惊人的。直到 1998 年春天，美国证监会采用 2a-7 规则之前，通用汽车金融公司一直在利用上述结构融资方法成功的进行融资。2a-7 规则的实施本意如上所述是为了解决 1994 年初货币市场基金出现的问题。2a-7 规则不仅没有成功找出并解决造成 1994 年市场混乱的根源性问题，而且其机制有助于建立表外的银行结构投资载体，垄断货币市场基金。它迫使市场驱逐所有的非银行票据发行者，完全依赖于"大而不倒"的银行体系。

　　1998 年的 2a-7 规则加上美国政府赞助机构等通过房地产抵押投资机构对长期抵押贷款市场的长期垄断，几乎在 2008 年后给整个货币市场基金（以及世界上的其他投资）带来致命性打击。我们简单看一下图表 9.1、图表 9.2 和图表 9.3，发现由垄断所引起金融灾难的糟糕范例比比皆是。峰值几乎是之前 1929 年危机以及大危机中峰值的 2 倍。

　　接下来，本书用 3 个图表来总结 2007~2014 年发生的事件。下面我们要讨论的是达到峰值状态后，新的垄断是如何形成的。

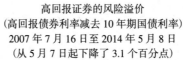

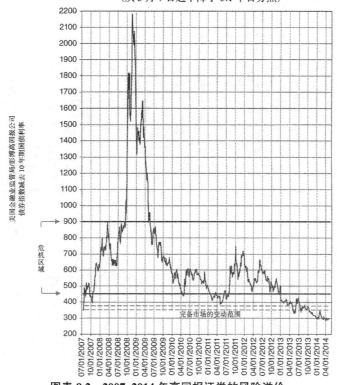

图表 9.2　2007~2014 年高回报证券的风险溢价

评论：完整市场是完美的。在此之外，上涨是坏的信号，下跌是好的信号。当高于 500 点时，在没有政府救济时，高溢价迫使美国企业收缩。

——弗莱德·菲尔德坎普

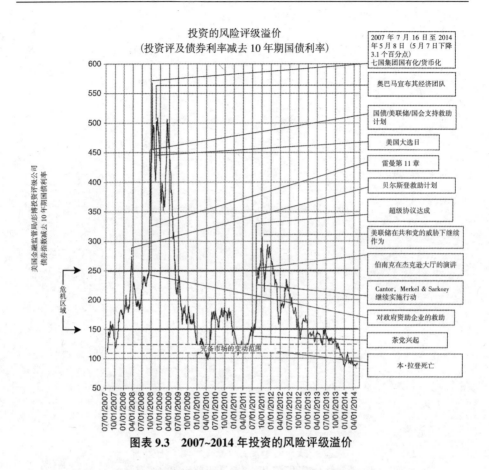

图表9.3　2007~2014年投资的风险评级溢价

评论：完整市场是完美的。在此之外，上涨是坏的信号，下跌是好的信号。当出现峰值时，美国贷款者都会迅速卖空，若不加以组织疏导有可能重蹈大危机的覆辙。

——弗莱德·菲尔德坎普

1998年：美国证监会摧毁原有的精妙仪器

1994年，股票市场开始了连续4年的增长（在1998年科技泡沫开始出现之前）。克林顿在1996年轻松获得连任的原因之一是金融市场处于平稳运行的状态。在"婴儿潮"出生的人们工资水平达到峰值，财政赤字减少，经济学家们开始担忧公共负债消失所带来的不良影响。市场中充斥着流动资本，非银行私人部门正以 20 世纪 20 年代后从未出现过的方法募集资本。

　　然后 1998 年发生了对冲基金危机，长期资本管理计划失败，自美国证监会实施 2a–7 规则后，证券市场开始分崩离析，打破了 1992 年改革后形成的均衡状态。在 1998 年该规则宣布并生效之前，弗莱德曾参加过美国证监会就该条款的讨论会，在会上美国证监会的成员炫耀说他们已找到解决 1994 年货币市场基金跌破净资产问题的完美解决方法，但事实上协会成员们并不是十分了解该问题。

　　如上所述，1994 年问题来源于美国政府赞助机构在之前数年中卖出过多的衍生性标准抵押贷款证券（Companion Class CMOs）。这些证券是100%无违约风险的证券，但有可能随着长期利率上涨几个百分点而延长其偿付期限（以及久期），期限从少于 1 年到有些案例中的多于 25 年不等。

　　美国政府支持机构创造并售出总额约 95%的"定时炸弹"证券。货币市场基金所购买的商业票据是以许多商业票据为抵押物而发行的。结构化产品的创造者并不知道卖出了如此大数量的票据。该种证券的设计者认为不超过 0.5%的抵押担保证券投资者会购买该种有风险的证券。其根植于证券内部的久期风险是不可避免的。当危机爆发时，随着市场利率上涨，证券将停止付息，市场价格（市场价值）迅速下跌。

　　在低利息的环境中，衍生性标准抵押贷款证券可以作为抵押物用于商业票据的发行，但当利率上涨时却不可用于短期债务工具的发行。正如之前提到的，见多识广的市场参与者公开地称这些票据为"吸盘"证券。

　　因为美国政府支持机构并不需要对其债券进行评级，强制性的利率可以反映证券的流动性，但却不能够反映那些被售卖给政府的、短期标准抵押贷款衍生性证券的流动性。这些机构之后又将这些商业票据售卖给货币市场基金，并宣称这些证券中自带的现有资产可用于其他商业票据的发行。证券基金在市场利率极低时（某些风险存在的信号），投资者由于这些证券的利率高于其他短期证券而购买它们。

1993 年末和 1994 年初，美联储加息后，在短短的 3 个月里，购买"吸盘"证券的投资者发现他们的短期证券组合的价值缩水比例超过 25%。对于那些习惯投资于传统短期政府/机构证券的投资者而言，这种不良后果是难以接受或想象的，从数学角度来讲该贬值毫无逻辑可言，只有寥寥无几的人才会发现利率变化对衍生性标准抵押贷款证券有效久期的不良影响。

对于那些清楚此关系的人来讲，此结果完全符合逻辑，但是美国证监会的监管层及其成员却并不真正了解它。当折现率上升 2% 时，随着长期利率的上行，受影响资产的有效久期延长到 25 年，相应的债券价值下降了 25%。当利率上涨时，衍生性标准抵押贷款证券将不再属于流动资产。这些证券不再能够作为抵押品用于发行新的商业票据，也不再能产生足够的现金流去偿付将要到期的商业票据，受该不良商业票据的影响，货币市场基金不能按期清偿票据。对于那些并未仔细观察研究并深入了解该证券的人来讲，这无疑是一场巨大的灾难。

正如之前提到的，1994 年的危机源于不良证券中加速增长的负凸性，在证券设计之初，由于其隐藏的巨大风险，并不是所有投资者都适合购买此种类型的证券。1998 年，美国证监会应该做的是禁止货币市场基金购买任何形式的、以抵押贷款为担保发行的商业票据和其他资产。与之相反，证监会却制定了一项完全不能解决该问题的规则，且将资产担保证券的垄断权交到大型商业银行以及受银行管理的结构投资载体手中，其中后者主要投资于由美国政府支持机构所发行的衍生性标准抵押贷款证券。

美国证监会的成员由于误信银行家而制定出该规则，给予银行家垄断权，并摧毁了有史以来第一次的证券市场均衡。证监会成员曾趾高气扬地宣布，该新规则将从理论上保证货币市场基金不会再出现任何危机。在我们之前提到过的，1998 年弗莱德所出席的那场咨询会上，重要投资公司的一位总咨询师曾在阅读规则的草案后表示：如果证监会认为任何规则都能够提升优秀投资经理决策的精准度，并消除任何坏的投资决策的不良影响，那么该协会的成员"比我想象的还要蠢"。

1998 年 2a-7 规则的实施，给予银行更多的垄断权，所带来的不良影响远甚于之前房地产抵押投资渠道税收结构的排他性影响。美国证监会1998 年的规则非但没有解决 1994 年危机中凸显的问题，创造出允许荒谬的雷曼 105 回购交易这种事发生的垄断体制，而且促成了银行买方垄断的形成。一家银行可通过创造 20 个不同的结构投资载体，成为所有货币市场基金全部资产的唯一抵押/担保品来源。以花旗集团和雷曼兄弟为首的大型银行自此开始，极尽所能地利用该便利条件，并最终引致 2007 年的市场崩溃。

1998 年 2a-7 规则实施后，银行可在无资本支持的情况下使用各种杠杆，促使货币市场基金将所有流动性转移到不良结构投资载体基金中（它是花旗银行和其他大型银行用于隐藏表外投机的渠道）。尽管一些非银行实体机构巧妙地避开了 1998 年规则修改后所"挖设的煤矿"，该规则仍为之后的每次危机埋下了隐患。

该问题也促使了 1998 年 9 月新办法的出台，它主要用于解决长期资本管理问题，但协会成员认为如果过于迅速地修改之前的领导层决策，会令人窘迫。协会成员已经知道他们犯下了这样的错误，但却羞于承认。

因此，我们谈论之后一系列的问题解决方法都显得为时尚早。错误一直未得到修正，一直延续到今天。

弗莱德的客户也早已告知证监会成员：即使上一辈的恩怨已经得以解决（即那些证券已得到清偿），新一轮的危机仍会到来。正如前人所料，2000 年发生的流动性危机引致市场上科技泡沫破裂。布什在该危机中赢得了总统选举。布什政府的一位高级经济顾问在回顾 2000 年秋弗莱德所准备的利差表格时，曾称该时期为"所见之中最恐怖的时候"。

2001~2002 年的科技泡沫危机，2001 年的"9·11"事件以及结束良性稳健经济状态的 2004 年危机的共同原因，都可追溯到 1998 年出台的 2a-7规则，它对市场功能产生破坏性影响。2008 年，在美国财政部的担保下，所有的货币市场基金行业清理了账户上所有的银行依据 2a-7 规则塞入的不良资产。这包括雷曼银行针对不良抵押贷款短期融资而实施的 105 回购交易。

　　由于缺乏货币市场基金的投资与支持，创造性商业融资中介商在1992~1998 年创造出的稳定市场结构被抛弃。经过一段时间后，货币市场基金稳定的资金来源只有银行。因而，许多非银行公司转型（或收购）为银行，以同那些 1998 年后在 2a–7 规则帮助下独具优势的银行相竞争。

　　直到 2008 年末，残存的经纪公司（如摩根斯士丹和高盛集团）都被迫成为银行控股公司。但这些边缘的小银行仍旧无法同那些垄断性的货币中心银行进行竞争。

2001~2007 年：危机潜伏期

　　正如我们注意到的，美国证监会 1998 年改变后的规则创造了以银行为主的金融垄断体系。纵观历史，市场上的金融垄断者总会引发危机，我们姑且用弗莱德多年前所写文章的标题来称呼它——自杀性垄断。

　　一旦证监会允许存在市场垄断，银行采取标准垄断者的做法，过度投资市场来获取绝对控制权，从而积累起过多风险。在写这部分之前，大型银行在 1998~2008 年近乎自我毁灭的行为实则反映了其在一个世纪中对摩根大通和货币信托基金反竞争的态度。

　　低利差导致运用过度杠杆和表外负债所产生的边际利润额减少。隐秘的杠杆交易可在不引起对额外资本需求监管的情况下尽可能地增加交易数量和交易额。虽然该过程中需给予管理层补偿费用，但仍使得债权人、所有者以及最终的税收支付者在现金和经济价值、增长速度和机遇方面遭受损失。这种错误是由华尔街和伦敦银行家以及他们在华盛顿之外的垄断同伙共同犯下的错误，属于欺诈行为。

　　用于银行融资的流动性融资活动也有所增长。除了石油出口国外，越来越庞大的国际贸易导致以德国、日本以及不发达国家（由中国、印度和巴西引领）为代表的出口贸易顺差。

　　当美国本土制造企业逐渐失去工作机会、资本需求锐减时，这些出口国家不断寻求以美国本土为依托，进行投资活动，使得出口增长免受汇率波动的影响。他们主要投资于美国政府支持机构所发行的抵押贷款证券。当美国政府支持机构发行产品的承销标准降低时，银行家可以收取更高的费用，而不用考虑越来越低的信贷资产质量，并通过表外项目来隐藏高杠杆率。

因此，垄断性的银行经理不再需求新的资本，在投资者风险剧增的情况下仍可向市场收取高额的补偿费。

当外国投资者加大出口，同时增加在美投资活动时，国外银行将 30 万亿美元的投资注入美国。富有创造性的投资者发现了发行抵押贷款证券的新方法，这些证券可与抵押资产的信贷质量毫无关联。2001 年，市场创造出最新的信用违约互换工具（CDSs），美国政府支持机构证券以及其他机构在此之后发行抵押担保证券的关键是有效的承销。

当一些投资者发现 20 世纪 90 年代末抵押担保证券的承销情况下行，且抵押贷款违约的可能性不断上升时，信用违约互换市场开始分崩离析。我们现在来观察美国最大的信用违约互换工具发行商之一美国国际集团，发现它在 2001 年改变管理政策，允许投资者在并不拥有短期证券的前提下依旧卖空特定的抵押贷款证券，即裸卖空。

像丹尼尔·朱这样华尔街黄金时代的强盗资本家非常明白该过程，但却不会执行该过程，因为他们害怕裸卖空这样随意卖出不属于自己资产的行为可归于财产转换（偷盗）的范围内。根据证监会的条例，只有所有者愿意出借证券且在交易完成后愿意交付证券，当事人才可做空普通投资资产。而信用违约互换工具的美妙之处即在于，市场允许任何人在不实际拥有或借到潜在资产的情况下进行做空交易。

空头方的美梦成真。我们姑且不讨论鲁宾、格林斯潘和萨默斯是否了解他们所提建议的含义。但据文件记录可知，这三人曾经公开倡导放松对信用违约互换发行和买卖市场的管制。格林斯潘先生曾公开说："欺骗就是自动调节的过程。（他现在应该极后悔该言论）"

事实上，抵押贷款的空头方可以说服最初的证券设计者设计一种抵押贷款产品，当其偿还可能极小或根本不会被偿还时，产品获利的概率大小仅取决于信用违约互换发行人破产的风险的大小。鉴于美国国际集团的规模和其"大而不倒"的状况，2008 年 9 月，该公司在房地产市场上因被收归国有而家喻户晓。

由于渠道的阻隔、对管理者的补偿投资，以及在信贷质量下降时投资者企图从他人错误中获利等原因，国际贸易所建立起的泡沫在表外账目上膨胀到 67 万亿美元。20 世纪末至 21 世纪初，美国的领导人也因此决定放松对信用违约互换市场的管制，稍微了解此关系中缺陷的人士都将该产品投资视作魔鬼领域。格林斯潘、鲁宾和萨默斯都是很聪明的人士，但他们在该问题上都犯了糊涂，不利于市场信任的成长。

在此，我们不对裸卖空进行评论。当投资者伪装成意欲卖空的样子，再通过其假装卖空意图所引起的资产价值下降来获利的行为，可以归为欺诈行为。[①] 除非短头寸投资者可以卖出存疑资产，否则假意卖出可以算作欺诈。允许市场上出现假意卖出的行为，无疑是挑战投资者的诚信行为。

裸卖空是一种故意未完成的交易，根据摩西法典和 90 年前本尼迪克特决议中法官布兰代斯所提出的检测规则可知，裸露卖空属于欺诈行为。自 2000 年，经验丰富的交易商发现该欺诈行为在美国居然属于合法行为之后，抵押贷款的空头方开始发行无数的抵押贷款证券，它们以越来越多的傻瓜贷款为基础。资产池中的贷款质量越低，信用违约互换交易者越能从此交易中获利。

2001 年，AIG 金融产品部的首席数学博士执行官退休之后不久，其公司就成为最大的空头信用违约互换交易者。2008 年转让公司很大部分是由上述原因引起的。

由于这种奇怪的动力，许多空头交易商为了寻求更高的利益而开始寻求信贷质量越来越低的证券。外国商人（抵押贷款证券的多头方）出于吸

---

① 另一个类似的伪装技巧常常出现于高频交易骗局中。骗子们常常用假意卖出信号来吸引购买者，购买者会迅速地将交易所中的价格哄抬至一个很难被接盘的卖出价格上。

收经常账户顺差、支持其国家对外出口以及其他投资目标的需要，则源源不断地在美国资本市场上购买抵押贷款证券。

这是极蠢的行为。正如任何投资狂热潮一样，没有参与者停止该做法并思考他们行为的无逻辑性。

2007~2009 年：忽略启示的结果——世界末日

回顾前面两段讨论，我们发现 2007~2009 年的金融危机除了银行和其他金融资产交易者的欺骗行为外，更大程度上是受全球力量的影响而加速发展。该危机的导火索是次级抵押证券和其衍生品，但危机爆发的根源性原因却更加深远可怕。其原因有一部分是源于全球贸易以及相关的金融流动中重商主义模式所带来的、67 万亿美元的世界经济不平衡，以及对表外负债监管的缺失。这些模式存在的历史长度和贸易一样古老。

自亚当·斯密以来的经济学家们一直从各个角度批评重商主义的贸易模式。当危机解决之后，重商主义者常会成为经济上的损失者。然而，重商主义者不顾几个世纪以来的警示，依旧在危机来临时死守不退。世界的主要进口国都清楚，他们通过贸易从其贸易伙伴手中换回了过多的外国货币，即经常账户顺差。因此，如果他们不将贸易所得资金重新投入到进口本国商品国家的资本市场，则本国的汇率价值将会上涨，从而减少出口。我们可通过观察美国和中国（正在重建其结构）、德国和希腊（该架构重组过程受政治影响而停滞，使希腊陷入衰退之中，但最终有所复苏）之间的活动来放大该动态过程。

重商主义的出口政策是从国外进口工作机会和建造工厂。为了达到该目标，本国必须防止重新调整汇率的行为，因为净出口国的经常账户余额或是兑换成本国货币，或是以其他形式的货币存在。比如，一个主要出口商（例如，中国和日本）肯定会将美国为进口商品所支付的所有货币兑换回本国货币，这会提高美元的相对价格。或者，该出口商将所有的钱都用于进口他国商品，但很明显该政策违反了重商主义的政策目标。

　　不论选取哪种方法，净出口都需要将其高水平的出口额转换为：①进口；②将进口国货币换回本国货币；③将钱投入进口本国商品国家的资本市场。建立主权投资基金是完成目标③的一种方法。

　　几十年来，美国的贸易顺差伙伴——净出口的国家一直选择目标③。美国进口了众多的产品，以至于本国并没有建立生产商品的工厂或创建其他形式附加值的资本产品。因而美国的资本成本较低。那么，还有什么可做的行业呢？在不用建厂或投入机器设备的资本投入中，最容易通过过度投资和杠杆提升价值的行业是土地和房地产。不论是出口国的无心之举，还是进口国对房地产行业发展的支持，该种程度的重商主义都帮助创造了房地产泡沫。

　　而外国出口者对美国土地和房地产的直接拥有权都涉及房地产税的问题。因此，由于贸易不平衡所带来的资本投资（到 2006 年末大约有 30 万亿美元）都投入抵押贷款市场，特别是投资拥有免税待遇的、房地产抵押渠道中的抵押贷款。这意味着美国公民承担着房地产的税负，而出口国获得利息（通常因美国税法条款而被免税）。另外，出口国通过美国政府支持机构成功地隐藏投资策略，因为机构的资产负债表并不能反映负债情况。最终，重商主义国家的贸易利得在资本市场中减少消失。

　　因此，出口国为了消化贸易不平衡而购买了美国金融权威设计出的各种担保抵押证券。日本在过去曾成为美国资本市场投机的受害者（如圣地亚哥大学法律和金融教授弗兰克·帕特诺伊在 20 世纪 90 年代中期所出的书——《诚信的背后》，此问题后来引起美国衍生品市场的改革）。

　　30 万亿美元的经常账户不平衡在经过一段时间后，创造出对美国抵押贷款市场难以抑制的需求。需要创造许多的金融工具来满足如此巨额的资金。为了满足对投资资产如此大规模的需求，需要有相同数量的抵押贷款和借款者的参与。阿希姆·多伊贝尔曾提出："在如此长期中进行大规模的资本输入，必然会导致错配。"（多伊贝尔，2012）因此，现在也不难想象如此大规模的资金是如何通过 AIG 和主要银行以及美国政府支持机构的表外项目——不可监控的次级抵押贷款和其他欺诈性质的贷款而引起 2008

年末世界末日。

　　正如我们之前所说，每个人都要承担责任，但我们却很难责怪其中的任何一个人。国际性的愚蠢行为在该危机中罪孽深重。确实，21 世纪国际资本流动在抵押贷款热潮中扮演着重要角色，让我们不禁想到约翰·梅纳德·凯恩斯就自由贸易危险所给予的警示，他写道：

　　　　我和那些坚持需最小化而非最大化国家间联系的人们站在同一战线。信息、知识、科技、友善、旅行等要素是可以国际化的要素。然而，那些可以在国内进行交换的商品尽量还是在本土交换，特别是金融部门的运行范围应只局限在本国。同时，那些想要摆脱与他国联系的国家应谨慎行事。我们要像对待植物一样，不应连根拔起而是从各个方面促进其成长。（凯恩斯，1933）

　　在介绍次级贷款危机发生的源头之后，我们现在来看该金融危机是怎样一步一步发生的。弗莱德依据从 2007 年 7 月至 2008 年 11 月 20 日自己同客户们的交流感想制成的包含每个步骤的表格。图表 9.1 至图表 9.3 和表 9.1 包含了每日的数据，并特别转化成易于反映经济影响的模式。每张图表都记录一种特殊信贷市场利差的轨迹。图表 9.1 中的数据事件和弗莱德就该事件发生时做出的评论（即在“危机中发生的 20 件事”部分后）相联系。通过观察证券投资者即时的市场反应可知，每个事件的影响力都是重大的。我们将在之后回顾图表 9.1 中的事件，并时有回顾图表 9.3 中发生的相关事件。

　　依据金融监管局的数据（FINRA），图表 9.1 描绘了美国高等级（信用评级）指数和高收益公司证券指数之间的差异。其使用了自 2005 年美国证监会强制上报证券交易数据后的所有数据。这些由美国证券市场所估测出的利差最接近亚当·斯密货币“流通车轮”每日成本的概念。图表 9.2 描绘了高收益证券减去 10 年期国库券利率后的收益率，又等于图表 9.1 和图表 9.3 中的利差加总之和。该图从美国政府的角度描绘 2007~2009 年危机及之后的利差情况，但并未将具体事件标注于上。

　　图表 9.3 表现了高评级的公司证券和 10 年期国库券市场利率之间的

每日利差。它可用于估计银行满足借款者需求的能力，并显示投资者很难进行融资的困难时期。

这些图表的起止期为 2007 年 7 月 16 日到 2014 年 5 月 8 日。2007 年 6 月，贝尔斯登公司无法清偿投资者的抵押贷款基金，引发了大家对 AIG 公司违约的担忧。这引起了自 2005 年（即美国证监会强制公布证券交易情况的数据）以来最大规模的、持续一个月的利差下跌。而 2007 年 7 月的利差同 2008 年 9 月 6 日至 11 月 20 日该段时间发生事件后的利差相比，又相形见绌了。

这些图表中线条峰值代表了这样一个时期：美国和世界其他国家的每个主要的私人部门企业都有可能破产，无法按期清偿债务。当时世界上最大的对冲基金之一的公司主席曾在 2010 年说过，"我们再过几个月都会破产"。在描述了导致次级贷款危机的主要事件后，我们下面运用图表 9.1、图表 9.2 和图表 9.3 来观察 2008 年 11 月 20 日之后世界经济的复苏过程。

图表 9.1 描绘了信用利差变化的影响。其运用复利公式表示在图表 9.1、图表 9.2 和图表 9.3 中，当利差在完全市场标准之上每变动 1 个百分点，每年将影响美国财富值 100 亿美元。因此，每上涨 100 个百分点（利差每年上升 1 个百分点），每年的美国经济财富值将减少 1 万亿美元（当利差下降时情况相反）。

由此可知我们为什么称 2008 年利差达到峰值状态代表着世界末日了。[1]

危机中发生的 20 件事

弗莱德总结了最有可能引起市场瞬时反应的事件。在美国东时区每天下午 5：30，金融监管局发布当日的证券交易数据，可看出每个事件对市

---

[1] 相比之下，据预测最近一直被批评的高频交易行为从投资者手中以每年大约 80 亿美元的速度转移给投资者，该数目低于图表 9.1、图表 9.2 和图表 9.3 中 1 个百分点。在 2008 年危机的高潮时期，其数值相当于前者的 2000 多倍。高频交易问题中存在的最大危险是投资者对美国法律规则失去了信心，并纷纷逃离美国市场。

场的影响。

由于投资者群体的判断必然是最终结果，因此投资者对该事件的反应是正确的。他们就代表着市场。比如当美国"挑战者"航天飞机爆炸时，几乎在同时，制造该飞机火箭助推器的公司股票便开始暴跌。尽管专家还需要几年的时间才能够调查清楚爆炸的真实原因，但几乎每个电视屏幕都在播放热气体从火箭助推器中泄漏的画面。

在自由市场交易的投资者通常不会等待确定的证据，他们只依靠瞬时的逻辑反应。如果火箭助推器并未将火箭送上太空，那么对他们来讲就应该先卖掉股票后再追寻原因。所有自由流动的金融市场从一开始都受该种反应影响。然而在最近的几十年中，对事实真相的探究只是促使信贷投资决策更加民主化罢了。

次级贷款危机开始（图表 9.1，事件 1）

2006 年，专取投资于次级抵押贷款产品的投资人开始遭受损失。金融专家在大范围讨论该问题，然而在 2007 年 7 月前，购买抵押贷款证券和其他证券的主要公司仍继续投资。正如我们已提到过的，像华盛顿互惠、花旗银行等早期抵押贷款的主要发起公司已经显现出一些运营困难的信号。然而众多的市场参与者或者不了解该过程，或者不愿承认如此明显危险信号的存在。对明显的市场运行压力信号缺乏认识似乎是极其常见的现象，正如纽约联储前主席杰拉德·克里根说过的"系统性事件的定义之一是出乎市场意料之外"。

2007 年 7 月，贝尔斯登公司声明其无力负担旗下的两个抵押贷款证券投资基金，让整个市场为之震惊。贝尔斯登公司的抵押贷款团队在该市场投资的时间颇长。团队中的某些员工在 1994 年危机时，曾就职于基德尔和皮博迪公司。正如之前提到过的，当时美联储提高利率，导致房利美和房地美所发行的、高负凸性的不良资产证券暴跌。

如果贝尔斯登公司和其他企业无力负担自己一手造成的基金损失，他们已经对市场失去了信心，那么此时的问题已经很严重了。克里斯当时参加一场由世界大型对冲基金组成的会议，而当时没有任何一家公司愿意解决贝尔斯登的市场问题。2007 年 6 月，美林银行曾威胁说要将贝尔斯登对冲基金中价值 100 亿美元的抵押贷款证券兑现，从而如彭博新闻记者马克·比特曼所报道的一样，"引起华尔街的震荡"。

由于贝尔斯登和其他公司抵押贷款证券违约风险的存在，许多投资者购买 AIG 金融产品部所发行的 CDSs（信用违约互换）作为保险产品。当预期违约可能性上升时，许多大型买方机构开始质疑 AIG 度过危机的能力。在大约一周的时间里，信用利差上涨了 100 个百分点。这代表着美国经济制造财富的能力减少了 1 万亿美元。多年以来的第一次金融危机来临了。

美联储降低贴现率（图表 9.1，事件 2）

事件 1 导致图表 9.1 中的利差达到峰值（图表 9.3）美国银行的利差处于危机水平区域（在三张图中都有标示）。商业银行都处于融资困难期。美联储降低贴现率。这意味着美联储允许银行以优良资产为抵押获得更多款项。但是由于银行不能够在美联储资金市场匿名解决融资需求，因而该权利很少被使用。

主席伯南克和副主席库恩都清楚，或者说应该清楚，利差上涨后的不良影响。美联储的行为是表明情况比预料的还糟糕吗？还是说美联储此举是在暗示其不知道引起信用利差进一步上涨的原因呢？我们参看美联储公开市场委员会此阶段会议中的内容后发现，大多数美联储的官员并不了解投资者对抵押贷款市场失去信心的情况有多糟糕。

美联储在纽约和柏林的讲话（图表 9.1，事件 3）

2007 年 11 月中旬，库恩在纽约发表演讲，他表示从宏观经济层面来看，美联储完全了解美国市场正在经历些什么。第二天，伯南克在庆祝第十五个"战后"德意志银行纪念日仪式上，发表了政策性演讲。该演讲主要讨论国际不平衡。

在演讲开始不久，伯南克用一个方程式阐述了美联储了解所有引起本次危机的国际问题：

国民收入计量标准的一致性表明经常账户赤字等于包括房地产在内的国内资源市场投资顺差……

伯南克：国际不平衡：最近的发展和方面

2007 年 9 月 11 日在柏林

下面的听众包括各中央银行的代表以及各国的财政部长。虽然没有任何冒犯之意，但他是在告诉那些拥有国际贸易经验的经济学家们这样一个事实，即美国和所有的出口国一起创造了这个巨大的抵押贷款泡沫（混乱）。短短的几句话，他就驳回了"该危机只是美国一国问题"的论断。

但不论是伯南克还是库恩，两人都未真正意识到市场对以华尔街为代表的欺诈和不法行为的真实反应，最终居然会引起整个金融系统的动荡。

究其缘由，这是由于每个主要贸易国家出于本国利益考虑而忽视了国际贸易不平衡所带来的累积性影响。特别是当这些不均衡隐藏在美国政府支持机构和政府担保银行的表外资产中，他们使用多种会计手段将其以表外负债的形式深藏起来。这些累积不平衡的逻辑性和公理性影响是巨大的，尽管伯南克表示这个在历史上建立于战争灰烬和债务豁免上的国家应该能够平稳地解决这些不平衡问题。

美联储降低利率（图表 9.1，事件 4）

在库恩和伯南克回到华盛顿后，联邦公开市场委员会召开会议并宣布：继续降低联邦基金利率。美联储的行为无可厚非。投资者的反应是降低利差。2007 年 10 月中旬，危机似乎已经结束，投资者对美联储的行为充满了信心，需求有所提升。

财政部宣布成立结构投资载体（SIV）基金（图表 9.1，事件 5）

2007 年 10 月，财政部长实行了自大萧条以来最愚蠢的经济政策。事后来看，引发大萧条的许多错误源于法律限制，而非财政部的过失。然而，部长宣布财政部将支持创建总体流动性加强的通道（或者结构投资载体基金），此举却是大错特错。其摧毁了美联储 2007 年 9 月关键性政策的积极影响，将消费者的注意力转移到如花旗银行这样美国大型银行出现的问题上。

那时的花旗银行正被自己旗下的结构投资载体所困扰（其属于 100% 由花旗银行担保的资产负债表表外实体，具有极高的投资性）。成群的投资者正在赎回结构投资载体的证券。作为高盛集团的关联银行家而非金融技术人员，保尔森不可能独自想出超级结构投资载体（SIV）的对策。超级结构投资载体的影响同我们书中之前讨论过的某些项目的作用是相类似的，即美国证监会于 1998 年采取修改后的 2a-7 规则，引起资产证券化商业票据市场的垄断行为。

2007 年秋，几乎无人购买特定的结构投资载体的商业票据。依据之前的条款，当投资者要求承兑这些商业票据、换回现金时，担保银行不得不使用其资产负债表中的现金项目，并发现之前被隐藏起来的损失，立刻承认设计结构投资载体工具并进行交易是他们的一大败笔。一些大型银行代表同美国财政部一起，希望找出将担保机构会计科目同表外资产项目承兑相分离的方法。

超级结构投资载体只是政策结果。保尔森希望通过众多的全国媒体平台推销该政策，却并不透露过多细节。同前任财政部长和花旗集团主席鲁宾政治关系紧密的纽约联储主席蒂莫西·盖特纳也在同投资者、记者的会议上支持该政策。

政策宣布时，弗莱德·菲尔德坎普正同其妻子共游法国。他登录至美国的商业网站后被该决策吓得目瞪口呆，实在不敢相信美国财政部居然愿意将花旗集团所有投机性表外投资损失转移到新成立的结构投资载体中。该政策也遭到了包括美联储主席格林斯潘在内众多人士的反对，格林斯潘认为该政策弊大于利，也许他也低估了其效应。弗莱德则向其同事和客户表示了其深深的担忧。

当财政部在同摩根集团、花旗集团和美国银行的联合新闻发布会上宣布该政策时，美联储未就该计划给出任何评论（之后也没有）。事实上，部长保尔森并未征求美联储、美国联邦储蓄保险公司和其他联邦银行监管者的意见，或将其纳入政策制定中，而这些机构和人士都认为该政策操之过急，未经深思熟虑。在此，我们再一次说明，保尔森作为非银行类的专家，不可能独自想出该政策，但其应对该政策负最终的责任。

财政部长保尔森提出该政策，在不知不觉中给整个美国金融体系带来厄运。美国财政部救助花旗银行危害到了整个体系。但保尔森说出去的话很难收回。市场对这个注定不会成功的政策反应极差。美国政府在不接收花旗银行的前提下承担该机构所有损失的行为，是毫无法律基础的，即使是涉及系统性失效条款的 1991 年法律，似乎也不适用于该案例。2007 年夏天的危机已经结束，而由该政策所引起的秋日危机才刚刚开始。

2008 年 11 月，战略家爱德华·亚德尼认为："汉克·保尔森所做或所承诺的一切，更深化了信贷危机，股票价格摇摇欲坠……他的超级结构投资载体计划并未带来任何帮助，很显然这个半成品计划很难再实施下去。"之后，他又列举了一系列汉克·保尔森所犯下的、臭名昭著的错误，包括"在贝尔斯登通过联邦贴现窗口借款后仍破产的情况下，仍允许投资银行通过该窗口借款，这是一种危险的姿态，是对避免道德风险原则的违背"（Pethokoukis，2008）。

保尔森部长超级结构投资载体的提议实际传达了这样的信息：美国一直以来对货币市场有重大影响力的公司已经破产，全美银行资产排名前三的银行都需要额外的救助。即使该信息是真实的，也没有负责任的金融精英会认同这一观点：美国联邦储蓄保险公司已经准备好接管这些银行了。依据美国联邦储蓄保险公司 75 年来的接管经验和公开步骤，在未曾接收该机构之前，联邦储蓄保险公司不允许公开评论来接管公司的任何问题。

更糟糕的是，花旗集团的管理层似乎背后影响着该计划，并进一步降低大家对银行的信心。2007 年 12 月中旬，财政部和银行被迫放弃超级结构投资载体计划，花旗集团公布旗下的结构投资载体共占用资产负债表中490 亿美元的资产。这个隐藏起来的杠杆更加深了市场的不确定性，以及大家对该银行稳固性的担忧。运用结构投资载体融资表外资产的行为完全是一种可耻的表演行为，用大法官布兰迪的话，该种借贷交易完全属于欺诈行为。

伯南克主席在 2008 年 9 月的演讲已经平复了投资界的担忧。美国金融市场的所有交易方都深知花旗银行存在着严重问题，但依靠着"大而不倒"的政策，该银行在融资借款方面并无困难。超级结构投资载体计划无意引起美国主要银行中未担保贷款者的连锁反应，但伤害已经存在。

1 年之后，在法定不良资产救助计划名义下，购买银行不良资产的提议同超级结构资产载体计划有着同出一辙的逻辑。在 2008 年 3 月短暂的修复期后，保尔森部长的决议在 13 个月后使世界陷入破产的末日狂潮中。

美联储再次降低利率（图表 9.1，事件 6 和事件 7）

在财政部 2007 年 10 月超级结构投资载体计划之后，美联储公开市场委员会两次降低了联邦基金利率。但每次的后果却是信用利差增加，表明以汉克·保尔森为代表的官员的愚蠢行为已经降低了投资者对市场的信心和市场稳定性。市场并不清楚是由谁掌管美国的货币政策。如果由保尔森部长掌控着局面，那么结构投资载体计划证明他是极其危险的人物。如果美联储主席伯南克和副主席库恩制定政策，那么他们须做出更加坚定的决策，而不只是降低商业利率。自从保尔森的决策促使图表 9.1、图表 9.2 和图表 9.3 的信用利差进入危机范围，市场每天都更迫切需要决定性决策。

花旗集团公布损失（图表 9.1，事件 8）

许多投资者都了解银行贷款的损失影响内部实现的会计过程。2007 年末，花旗集团的损失远超过保尔森超级结构投资载体计划所能救助的范围，投资者依据该计划得出下述结论：花旗集团的实际情况要远糟糕于银行公开曝光的情况。至少，投资者并不相信财政部官员们关于该计划的言论——"结构投资载体计划中的抵押贷款证券价格远低于产品的内在价值"。该假说很显然违背了复利原则。

银行报告出炉后，投资者使美国信用利差飙升，比计划宣布之前的利差还高 400 个百分点。同库恩和伯南克做出演讲之后的情况相比，美国市场的投资者眼见着大约 4 万亿美元的财富在消失。

在极短的时间里，它造成财富的反效应，市场需要更多的干预。盖特纳在他 2014 年的新书《压力测试》中说道，伯南克主席对历史的决定性作用只取决于经济将会发生什么，而不是他想要如何改变。因此，与其将精力用于安抚美联储中的质疑者，他决定推行自己认为正确的必要政策。

现在看来，伯南克做出的建议、判断和决策都是相当精准的，使世界免于沦陷到大危机和战争这样可怕的世界末日中。

批准减税政策（图表 9.1，事件 9）

2008 年初正是选举年的开端。按理说国会不需支持布什政府，但为了自保，国会依旧批准了减税提案以促进复苏。经济学家认为，美国不像大危机时，面临着债务通缩下的紧缩情况。美国减税政策有助于改善自 2006 年以来的衰退经济。2008 年的经济刺激法案，2009 年美国经济复苏，以及再投资法案使美国联邦预算赤字由 2007 年的几个百分点变为大约占 GDP 10%的水平。但减税提案也无法阻止金融危机，只是减缓了其速度。

在减税提案被批准后，利差降低了 100 多个基点，减少了 1 万亿美元的相对财富损失，年财富损失降到 3 万亿美元。这 1 万亿美元的利润足够弥补信用利差上涨所带来的税收额，并可用于其他方面。

美国供应管理协会服务部门的报告（图表 9.1，事件 10）

控制金融危机进一步发展的另一无效措施是 2008 年 1 月发布的美国供应管理协会服务部门的报告。其显示美国经济服务部门正面临着难以想象的收缩状况。此大型部门的收缩更印证了经济学家们所担忧的事实，即需求通缩的收缩。经济问题比国会或布什政府预想的还要严重。报告发布后利差再次上涨，财富损失程度再次变为每年 4 万亿美元。

2008 年 3 月来临。

PWG 报告和贝尔斯登危机（图表 9.1，事件 11）

这些接连发生的事件更加印证了一件事，结构投资载体的推行者、总统工作组的统领者——美国财政部并不知道应该如何作为。观察图表 9.3 后会发现银行和其他高评级证券的发行者们的利差立刻增长到表格中的危机区域。这也是贝尔斯登公司难以解决隔夜融资需求问题的原因。其已经处于破产状态（非法律上的），华尔街的其他公司也不幸地正走在该道路上。买方公司（购买投资服务的机构）已经顾不上源源不断的小型交易商的需求。

贝尔斯登公司融资危机的影响似乎是第一个可用来证明 1991 年系统性救济机构有效性的例子，那次改革是为了应对 20 世纪 80 年代的标准普尔危机。经过数月的争论，针对贝尔斯登公司的解决和收购意见表明：在华盛顿特区的官员中，还是有人了解系统性错误发生时的应对政策的。

当利差突涨时，贝尔斯登几乎等同于破产，其需要融资救济以履行债务偿付义务。贝尔斯登的收购应遵从一个世纪前大型公司收购小型破产证券交易商的基本策略，除非需要联邦担保的交易商资产（如美国联邦储蓄保险公司在银行破产管理中提供的资产）；贝尔斯登公司不进行破产管理。出售贝尔斯登的行为反映了 1991 年法律架构上的一个基本缺点——不能实施破产程序。但是，贝尔斯登的破产并不是此次危机的结束点。

得益于美联储和其他特定机构提供市场流动性的有力动作，在贝尔斯登卖给摩根大通之后，信用利差下降了 150 多个点。伯南克在 2008 年 4 月的国会听证会上说道，政府必须救助贝尔斯登，使其免受破产威胁，因为投资银行的崩塌会反射在经济上，会增加收入降低、房屋价值降低的风险，失业率增加。当然，这部分担忧是源于美国供应管理协会服务部门发布的报告。

2008 年 3 月，摩根大通同意以每股 2 美元的价格收购贝尔斯登集团，但贝尔斯登的员工和大股东们拒绝该提议。贝尔斯登的首席执行官艾伦·施瓦兹告诉大家：处在麦迪逊大道的本公司每股价值 8 美元，所以拒绝该提议，并威胁要通过第 11 章提到过的美国破产法申报重组，并拒绝政府的救助。

正如之前提到过的，在 1993 年美国联邦储蓄保险公司创立之前，由于担忧政府指定破产公司官方接管人的能力危害到政府对银行的救助，在未指定接管人之前，破产有可能挑战美联储给摩根大通集团的帮助。该威胁最终生效。贝尔斯登的股东获得每股 10 美元的补偿，摩根集团收购活动得以继续。

前任财政部长、高盛的首席执行官以及花旗集团的执行人罗伯特·鲁宾在接受 2008 年 3 月华尔街日报的采访时称，贝尔斯登的情况属于未知的水域。美国联邦储蓄保险公司十分了解并清楚贝尔斯登公司的状况。美国联邦储蓄保险公司在银行破产和公开银行救助计划方面的经验已有数十年之久。

他们每一步的救助计划都被仔细考虑过，在实施时也确保导致该救助需求状况的股东和经理层没有套利的空间，成功的救助行为应该将其从困境中解救出来；不成功的救护计划将被视为对纳税人税金的浪费。国会不应在仔细考虑投资的有效性和精巧性之前，批准任何公司的政府救助计划。

稍不注意，公司很有可能处于理论上的破产状态。当一家公司的破产状态威胁到美国金融体系时，就无时间去分析和确定救助行为的有效性和精巧性了。该过程可能花费数月的时间（比如 2009 年对通用公司和克莱斯勒汽车公司的重组）。因此，在缺乏相关方法去除股东和经理层的影响时，我们不能为不处于破产清算状态下、接受政府救济的公司提供格林斯潘看跌期权，最起码它不属于一种长期的金融市场政策。美国法律规定，只有在依照法庭裁决执行破产程序后，公司才可去除经理层和股东的影响。

2010 年，《多德—弗兰克华尔街改革与消费者权益保护法案》的清偿委员会解决了贝尔斯登所暴露出的问题，需要联邦救助的重要企业都进入破产程序才可以。破产时，对借款人和贷款人的清偿顺序排在股东之前。如果联邦政府运用负债帮助实体，那么依据有序清偿委员会规定，美国联邦储蓄保险公司应为官方接管人。如果将破产的公司拒绝政府注入资本，那么在破产清算中，之前政府投资的清偿权排在股东之前，所有经理层都可被替换掉。

有序清偿委员会向纳税人保证，政府救助公司的款项清偿顺序排在首位。自 1933 年以来，这已成为美国银行的惯例，而贝尔斯登股东则避免了破产程序的影响。正如鲁宾先生所做的评论，华尔街的精英或者保持懵懂不合作的状态，或者并不愿意接受该逻辑性政策的要求。一些人仍在抱怨有序清偿委员会管得太过宽泛。

从贝尔斯登案例的反思中，我们发现在 2008 年危机过后，许多世界金融和经济的观察者仍不明白为什么政府不通过救助确保雷曼兄弟的继续运营。布什政府保证不再重复贝尔斯登案例的做法，在雷曼兄弟倒闭前的那周，房利美和房地美等美国政府赞助机构处于被监管状态时，政府拒绝补偿这些优先股股东的损失。

在 2010 年有效清偿委员会成立之前，雷曼兄弟数以千计的股东要求政府补偿其全部损失，否则就申请破产。除了已批准的不良资产救助计划，对通用公司和克莱斯勒汽车公司的救助只适用于已经申报的，如第 11 章所讲述的程序之后的公司。这也是为困难公司提供融资资源的标准程序。它减少如贝尔斯登那样补偿股东的情况出现（只有破产才能消除该风险）。但是许多人未曾接触过银行破产清算程序，因而不了解第 11 章所说的破产和破产清算程序的差别。

鉴于贝尔斯登破产案例中所暴露的法律缺陷还未曾解决，2008 年 9 月雷曼兄弟只能选择破产。由于缺乏处理破产清算的法规，雷曼兄弟国际欺诈和公开盗窃行为的证据使其处于近乎破产的状态，受到联邦地区法官的监管。我们在之后会继续解释 1991 年 FDICIA 法律允许的美国联邦储蓄保险公司救助行为不适用于雷曼兄弟的第二个原因。之后，鉴于雷曼兄弟衍生品的价值不明，美联储和财政部都不会插手雷曼兄弟的倒闭问题。

美国联邦储蓄保险公司本身并没有权力去救助破产交易商。尽管雷曼兄弟可能在建立抵押贷款证券化渠道时欠该机构一小笔款项（FDIC in-sured thrift），但它也不会因此进行援助。在此前的两年，雷曼兄弟就一直在找寻买家，但一直未达成协议，因为公司中的任何人都不能证明公司抵押贷款资产的价值。因此，雷曼公司唯一的出路，即有人在美国政府开展救助前收购该公司（在雷曼兄弟进入第11章破产程序后巴克莱银行也拒绝该活动）。雷曼管理层（和公司债权人）只能走第11章的程序，将所有顾客账户的指定受托人转换为证券投资人保护公司。

如果重要的金融公司在未来接受了救助，那么美国联邦储蓄保险公司将会成为其指定接管方。政府的主要地位得以确认，在政府和其他债权人的利益得以完全保全后，才会考虑股东的权益。因此，但凡了解第11章破产同破产清算之间不同点的人都应明白，《多德—弗兰克华尔街改革与消费者权益保护法案》是不允许未来救助行为存在的。拯救金融系统的关键是防止一个公司的破产引起其他公司的损失，但是由于《多德—弗兰克华尔街改革与消费者权益保护法案》的存在，即使是为了拯救整个系统，它也不允许我们去干预任何一家担保银行的运营。

美联储推出一级交易商信用工具并降低利率；政府支持机构被救助（图表9.1，事件12）

在贝尔斯登公司收购之后的几天，美联储推出一级交易商信用工具（PDCF）。该隔夜借贷工具以一系列合格抵押品作为交易物为一级交易商提供融资，培养金融市场的功能。一级交易商信用工具自2008年3月17日开始运营，并在2010年1月1日停止使用。该工具早出台几周，将贝尔斯登公司卖给摩根大通集团就没那么必要了。

美联储继续降低利率，并推出了其他信贷信用工具，以解决整个结构信贷市场大规模崩溃问题。通过此联合组合，美联储运用应急借贷机制，将救济面延至银行以外的机构，在不收取抵押物前提下为任何一级交易商提供信贷信用。同时，联邦公开市场委员会继续降低市场利率并进行救济，以确保深陷次级贷款泥潭的政府支持机构房利美、房地美等的正常运行。

通过这些举动，美联储表明其知道危机已延伸到银行系统外。通过一些方法降低抵押贷款市场的利差是极必要的。

美联储推出定期证券借贷工具（TSLF）（图表 9.1，事件 13）

尽管美联储并不愿意通过直接投资于抵押贷款证券的方式减少抵押贷款利差，但其推出定期证券借贷工具时表明，在没有一个生气的抵押贷款市场的情况下，国家可能面临严重的长期贬值的危险。通过该工具，美联储向市场提供国库券，它们可以同符合资质的项目抵押物进行交换，公司再以国库券为抵押用于 1 个月以上的借贷。2008 年 3 月 11 日向市场推出该工具，第一次竞价在 2008 年 3 月 27 日。2010 年 1 月 1 日，美联储取消了该工具。

通过定期证券借贷工具，交易商们可以手中的美国政府支持机构所发行的抵押贷款证券为抵押，借到国库券，并将得到的国库券换取现金来购买更多的抵押贷款证券。抵押贷款市场中利差呈现逐渐稳定的趋势。

经过美联储的一系列动作，公司债券的信用利差降到 200 个百分点以下，并在 2008 年 6 月后趋于稳定。

财政部质疑美联储处理危机的能力（图表 9.1，事件 14）

到 2008 年 6 月，美联储一系列政策的有利影响似乎使美国信贷市场趋于稳定。在图表 9.1、图表 9.2 和图表 9.3 中，信用利差仍处在危机区域，但同之前相比，已下降了许多。

但是由于市场恐慌和公众的担忧，利差仍比保尔森宣布支持建立超级结构投资载体基金时的利差要高，而该行为也只有在危机时才会被合法化。

有人可能认为在财政部尝试推销超级结构投资载体基金计划失败后，该部门可能在羞辱中学到教训。然而，财政部居然公开地质疑美联储在危机之中的处理能力。该公开质问的短期影响是吓跑了那些在 2008 年 3 月美联储公开操作鼓励下准备购买美国政府支持机构证券的投资者和一级交易商。

公司证券的信用利差快速回升到贝尔斯登公司崩溃时期的水平。投资者回答了财政部的疑问。他们卖出足够多的证券，危机继续存在。财政部的行为和市场反应导致了 2008 年 9 月越来越严重的危机。

财政部推行担保证券（图表 9.1，事件 15）

财政部并未从之前推销超级结构投资载体基金计划和质疑美联储危机处理能力的失败中吸取教训，保尔森领导下的财政部又推出了另一个愚蠢至极的方案：用担保证券来支持住房抵押。

该提议并未被很好地考虑，并进一步磨灭了美国财政部官员的信心。前任财政部长萨默尔在 2011 年 11 月 2 日的《金融时报》上说："政策制定者半信半疑的主张更加伤害投资者信心。就像时钟的第十三次响声，否认明显答案或号称知晓一切的政策制定者所言所行皆令人怀疑。"

保尔森的担保证券计划并未被批准。这并不令人惊奇，但该提案提出的时间同图表 9.1 中信用利差（第一次）涨至危机区域的时间一致。

担保证券是在一些特定的抵押贷款池（即担保池）中生成的，但担保池仍存在于金融机构的账面上。在该层面上，担保证券不同于之前的抵押贷款支持证券，因为后者的抵押物在证券发行前已经卖给其他投资者。德国和丹麦等国曾将担保证券用于融资抵押贷款，它以一系列发行银行拥有的抵押贷款信托基金为基础。通过该安排，发行人在债券到期时间同抵押贷款时间不相匹配时，保证了这些以抵押贷款为担保的债券的偿付。但该种类型的担保同 20 世纪 30 年代的信贷控制类似，美国的历史已经证明在美国这种控制政策无效（参考之前关于 20 世纪 60 年代的讨论）。美国经济和抵押贷款市场的范围太大、太广，不适用于该种类型的工具。

担保证券的使用要求之一是保证银行对早期抵押贷款进行重新投资（这些重新投资款可用于之后的债券支付），以及由于抵押贷款运作问题（超出预期的延期支付）而缺乏的债券偿款将由银行支付，款项来自于其他基金的证券清偿款。我们已发现美国政府支持机构可以做到该点，但没有政府做后盾的私人实体企业却无法达到该标准。因此，担保证券使政府对抵押信贷的垄断更加稳固。

由高盛前总裁、现任部长汉克·保尔森所提出的担保证券提案只是另一条通向政府—银行联合金融垄断之路。国会上，以众议员加勒特为代表的大型银行代表都支持该提议。但美国联邦储蓄保险公司主席希拉·贝尔明确表示反对该提案，因为一旦发行银行倒闭，担保证券的存在有可能会增加美国联邦储蓄保险公司发行基金的倒闭成本。加勒特的下属在和贝尔的一位参谋团成员协商时曾表示，美国联邦储蓄保险公司绝不允许将任何居民抵押贷款以外的资产合法化，将会极力反对加勒特和其支持者提出的任何立法议案。美国联邦储蓄保险公司同时明确表示，担保证券的超额抵押率只能为2%，意味着只允许运用于一级抵押贷款之中。

与德国和其他北欧国家相比，若在市场上推行担保证券，美国需拥有一个更活跃的信贷环境。一些美国企业（主要在纽约）在大危机之前曾发行过这种证券，所有发行者的命运都是破产。这也是为什么私人抵押贷款发行人（非美国政府赞助机构）承诺在获得抵押贷款后，首先偿付证券的原因。当利率上涨时，潜在抵押贷款的期限有可能延长，从经济和金融角度，私人发行者都应率先保证证券的偿付和利息问题。确实，将美国政府支持机构转换为担保证券的发行者，有可能对市场信心造成反向影响。保尔森提出该方案不久的数月后，美国政府支持机构就处于被监管状态，更加证明了这一点。

美国政府支持机构被监管（图表 9.1，事件 16）

2008 年 9 月 6 日，联邦住房金融局主管詹姆斯·洛克哈特宣布开始监管两个政府支持机构——房利美和房地美。自 2007 年以来，抵押品和流动性的破坏性影响如接力一般，从非银行抵押贷款证券的发行商（如新世纪金融，Freemont 和 Ameriquest）转移到贝尔斯登，最终传导至美国政府支持机构。

在 2007~2009 年金融危机中，机构受监管这件事的影响范围扩大且越来越严重，我们可从图表 9.1 和图表 9.3 中的市场反应看出，加强对美国政府支持机构的监管，对市场的影响巨大。该事件发生的几天内，图表9.1

的利差下降了 50 多个百分点。

总之，下降的 50 多个百分点代表了 5000 亿美元的经济增加额。利差的变化看起来毫无道理，因此弗莱德开始向华盛顿特区的人们询问利差降低的原因。

机构被监管的条件之一就是所有美国政府支持机构都要取消优先股。财政部似乎想向投资者表明其立场，在偿还美国救助金之前，政府不会再做出给贝尔斯登公司股东每股 10 元的收购价这样错误的行为。因此财政部决定教训一下这些购买机构优先证券的投资者。

然而有争论认为私人投资者对美国政府支持机构的金融基础影响不大，因此该行为最终导致机构还需要美国政府的担保，财政部颁布此条例又一次属于不合时宜的情况，又进一步削弱了市场信心。许多美国政府支持机构的优先股持有者仍然是其他的机构，他们的优先股投资在账本上又会冲抵为零。保尔森部长的行为无疑相当于未曾卸下手枪皮套就开枪，并最终射伤了自己的脚。

美国政府支持机构的优先股持有者包括美国商业银行，监管者允许他们将该股票作为一级资本使用（报批财政部）。财政部此举本来是为了恢复市场秩序，却在错误时间引发了商业银行资本金的流失。这些证券作为 1.6 万亿美元的资本金被借贷给了消费者和商业。

图表 9.3 显示了影响：高评级债券的利差同 10 年期的国库券相比，已上涨到历史最高点。只因为银行融资成本的上升速度远高于有风险高回报的公司证券，图表 9.1 的线图下降。由保尔森部长推行的、美国政府支持机构的优先股的取消引起高评级银行债券的上涨。银行债券以比贝尔斯登解散时还要高的利率在进行交易。而且，为了弥补资本金损失，许多银行开始通过促使其他表现良好的商业提前偿还贷款的方式紧缩资产。

因而对美国政府支持机构的监管引发了传统银行的挤兑。

接下来几周发生的事情，包括雷曼兄弟的破产和政府拯救 AIG 集团等事件，都在人们心中留下了不可磨灭的印象，也是这些事件促发不良资产救助计划的出台。但是我们认为，当财政部拒绝偿付美国政府支持机构优先股后，信用利差达到峰值，最终摧毁了雷曼集团，并几乎冲减了美国每一位公司债权人的资产。保尔森再次证明了他是2008年美国金融市场不稳定性的主要来源。历史可能又有别的记载，但在美国政府支持机构失败后，保尔森决定不再插手此事，全权放手，把问题留给美联储解决。

迟做总比不做好。

雷曼兄弟破产（图表9.1，事件17）

在美国政府支持机构接受监管后的下一个周日，依据第11章的条款，雷曼兄弟申请破产。不像之前的贝尔斯登和之后的AIG公司，雷曼并未得到美国政府的任何系统性破产救济。事实上，对市场而言，雷曼兄弟的倒闭完全在意料之外，并因此加速了对美国政府支持机构的监管，最终成为自1933年罗斯福宣布的"银行休假日"之后美国最大的金融系统性事件。

除了上面讨论的贝尔斯登交易所引起的问题外，1991年的FDICIA建立了一个可使救济合法化的特定程序。负责任的实体是不会在确定该程序一定会完成的前提下，允许上述事情发生的。美国联邦储蓄保险公司、美联储和财政部（所有可以使此程序合法化的部门）都会首先进行尽职调查，确保安全性后才会开始第一步。

该法律规定需2/3的联邦储备系统主管委员会成员和美国联邦储蓄保险公司董事会成员批准该救助活动。毕竟，美国财政部部长需得到美国总统的授权批准。最终法案还需得到无利益冲突部门的批准。

即使美国联邦储蓄保险公司和美联储也批准了对雷曼兄弟的救助，保尔森部长和布什总统也有亲戚在雷曼兄弟工作。全国范围内如此高调地宣布此救助办法后（后来被证明是极具破坏性的），雷曼兄弟就很难得到任何官方授权的合法救助。因为其中两个必要批准部门都同相关方有利益冲突。如果不能从法律上通过该法案，那么政府最好的做法就是什么都不做，并公开法案不通过的原因。因此，缺乏政府救助的法律授权和相关利益冲突存在的情况下，政府能做的就是什么都不做。

从几个方面来看，美联储无力挽救雷曼兄弟破产，实际上还由于

1929~1933 年白芝浩原则，政府唯一能做的就是什么都不做。如果给予雷曼兄弟救助，缺乏法律依据：1993 年的 FDICIA 法规根本无法挑战 1933 年的 FDIC 法规，前者中的任何规定都不适用于救助雷曼兄弟。并且，国会要求美国总统和财政部长遵从 1991 年法律，依据法定授权批准政府救助之后才能考虑雷曼公司救助问题。综上所述，雷曼兄弟的问题不可能被解决。因此无论是财政部的救助，还是美国联邦储蓄保险公司对该公司的接管，都属于违法行为。而且更有趣的是，雷曼兄弟很显然不能凭借优良资产从美联储借款。

那些争论着"雷曼兄弟是否值得救助"的经济学家似乎都忽略了重点。由于利益冲突和法律问题，政府根本不能救助该公司。在同法律相悖情况下，任何人都束手无策。领导者在事情发生状况不在法律保护范围内时，只能坚守法律并另辟蹊径，以达成目标。

悲伤的事实是财政部在 2008 年的种种作为最终加速危机的进程，并无法解救或售卖雷曼兄弟公司。保尔森部长应该更早和伯南克主席相互合作（并支持他的政策）。这种合作有可能挽救雷曼兄弟于破产这样悲惨的命运中。但是如果我们对雷曼兄弟公司的讨论是准确的话，那么 2008 年 9 月政府对该公司的处置也是正确的。保尔森和伯南克以及其监管者在危机中所做出的决策是值得称赞的。

雷曼兄弟的破产对世界有灾难性的影响。自此之后的 3 天内，AIG 公司损失惨重；同周的周四华盛顿互惠银行突然倒闭；1 周后美联银行被拍卖；60 天之内世界历史上最大的金融危机爆发。然而该灾难性影响也导致美国不得不采取措施，减轻金融危机对世界金融的破坏性影响。5 年之后，雷曼兄弟突然破产的影响依然存在。即使从现在来看，该危机都是极其糟糕的。

在雷曼兄弟破产后的 60 天里，信用利差继续下降，引起美国又出现了 10.5 万亿美元的财富损失。由于这些极具欺诈性的衍生性证券，世界资产负债表中出现 67 万亿美元的财务漏洞。

虽然在危机结束前大约损失了 67 万亿美元总量一半的财富。但是更重要的是，在美联储两位主席和绝佳的领导团队的努力下，世界经济资本流失的情况很快结束。在以后的几年里，投资市场才逐渐恢复正常。

但是，此次危机中，世界领导人并没有犯类似30年代大萧条时期的错误，未发动任何战争。尽管有些国家和人民处于极其糟糕的经济状况中，世界许多地方已经有复苏的现象（新泡沫出现）。在同情和骑士精神的作用下，世界将会彻底复苏。现在我们将结束对世界末日阶段的论述，开始将注意力转移到危机的复苏阶段。

七国集团的国有化和货币化（图表9.1，事件18）

从雷曼兄弟申请破产开始再到七国集团有效促进整个残存金融市场复苏的过程中，利差以前所未有的速度快速增长。图9.3中显示出，在美国政府支持机构被接管后，银行利差以接近垂直的斜率向上增长。从9月6日到10月初，财政部长保尔森又设计出另一个未经深思熟虑的计划——不良资产救助计划。正如之前的超级结构投资载体基金计划，该计划致力于从银行购买不良资产，它似乎还是那么无可救药。不论是保尔森部长还是财政部资深的高级官员，他们都不知道让美国政府购买商业银行不良资产的做法，既不合法合规也不可行。

在布什总统离任前，财政部是不能在现行法律规定下购买任何私人财产的，保尔森部长的做法也再次引起市场信心的动摇，计划似乎在暗示美国的重要银行存在着亟待解决的问题，但事实并非如此。爱德华·亚德尼在此评论了2008年保尔森部长的错误行径：

不良资产救助计划作为购买不良资产的方法，是极其糟糕的想法。该计划不但加剧市场恐慌，而且促使经济螺旋式下降，然而在金融危机这一特殊环境中，必须通过该法律才可以。财政部通过拍卖收购某些类型的不良资产的行为，是毫无道理的。重组信托公司在20世纪90年代初标准普尔危机中的解决方法在此危机中失效，不能结束此次危机。

2001~2009年，富国银行的主席理查德·科瓦切维奇极力反对该计划，并在国会通过该法案后，斥责美联储纽约区主席蒂莫西·盖特纳和保尔森部长。科瓦切维奇在 2012 年 1 月 5 日的 PBS《前线》节目中狠狠地批评了该计划，并详述了美联储政策远优于财政补贴政策的原因：

　　我也认同金融机构急需资金。但银行并非面临破产、倒闭的风险，只是缺乏流动性而已。这是可以解决的，他们也是有能力还款的。如果政府想要给金融机构钱，以确保他们熬过危机，保证危机不会扩大，或机构需要这些钱，那么我没什么意见。在很久以前这么做可能会产生很好的效果。我反对的是你将钱硬塞给那些不需要的人的手中，这会摧毁投资者对该行业的信心。而且这也是最终的结果，它加剧了恐慌。

　　科瓦切维奇先生是位杰出的银行家，他旗下的产品远优于美国联邦储蓄保险公司所支持的资产包，并成功收购美联银行。这显现出他对美国复苏能力极强的信心。他的银行主要在西海岸活动，但其东海岸的同事们并不赞成他关于资本注入需求的观点。现在看来，资本注入有效安抚了投资者，成为此次危机的关键转折点。

　　在美联储和财政部努力地平复此次危机时，事态还在持续发展。在 2008 年 10 月初，富国银行宣布也加入到未接受美国联邦储蓄保险公司救助的美联银行收购战中。当天，国会通过了紧急经济稳定法案，该法案从法律上批准了财政部出资 7000 万亿美元进行不良资产救助计划。3 天后，美联储也依据该法案宣布向存款机构的准备金余额支付利息。美联储同时设立了专门用于处理商业票据危机的工具。

　　当国会一开始拒绝不良资产救助计划提案时，信用利差再次快速上扬，达到峰值，当法案通过后，利差快速回落。由保尔森部长所提出的不良资产救助计划不久之后被证明是无意义的。几乎每个人都认为只通过不良资产救助计划，是不能够将已深埋在银行内部的不良资产剔除出去的。财政部官员在以后数周里都努力使该资产购买模型发生效力，却无功而返。信用利差继续朝着不可预测的上涨方向发展，摧毁金融市场中人们视为珍宝的一切（和重要的经济运行要素）。

　　当保尔森部长努力想出合适的方法应对危机时，美联储所做的唯一合理的事就是大量为市场增加提供流动性。2008 年 9 月 19 日，美国财政部宣布建立一个暂时保护机制，保护货币市场共同基金的股东权益，并于2008年9月29日正式实施该政策。同时，美国联邦储蓄保险公司宣布暂时提高联邦储蓄保险金，由10万美元提高至25万美元，并通过交易账户担保计划为所有的交易账户提供保险。在2008年10月初，美联储还积极地救助了AIG公司，并在如此困难的时刻继续增加系统流动性。

直到2008年10月中旬，伯南克和保尔森携手起来运用唯一有效的经济方法应对危机：国有化和货币化。鉴于所有货币都来源于政府，当系统分崩离析时，政府需要介入并掌控所有的货币中介渠道。政府需要暂时填补危机中出现的漏洞，以防止系统中的私人资本消耗殆尽。当市场信心恢复时，政府将中介渠道重新转移回私人部门。财政部也特别改变策略，对银行注入资本金，而非继续采取购买不良资产的方法。在同一天，美国联邦储蓄保险公司为无担保的贷款提供另一个重要的流动性工具，再次确保市场参与者的存款安全地存放于美国银行机构中。

国有化和货币化是唯一可有效应对这些状况的方法，在本次危机中使用该方法的效果也很好。市场证明了该方法的有效性，即美联储和七国集团中央银行行动后利差下降。图表9.3中的信用利差最终开始下降。最后我们需要解决的问题是图表9.1中的线图。

美国选举日（图表9.1，事件19）

在七国集团促使重要金融机构国有化和美国选举日之间的这段时间中，大家已知道奥巴马将会当选。当华盛顿的另一政党掌权时，投资于美国的人士会变得不安（可能有很好的理由）。该选举结果是国会和总统职位都由民主党掌控。很显然民众不再希望共和党继续掌权，但他们真的希望民主党进行政治垄断吗？毕竟美国民众对两党的支持率相当。

投资者并不知道选举结果对美国的金融系统有何影响。由于上述原因，投资者并不喜欢引发本场次级贷款危机的金融系统。但大多数美国民众明白我们不能恢复到政府垄断的大萧条时代，该模型导致1929~1955年商业和居民信贷缩减了87%。因此，由于不确定性，信用利差再次回升。

奥巴马宣布经济团队成员（图表 9.1，事件 20）

2008 年 11 月 20 日，当选新任总统的奥巴马宣布将提名几位在金融服务业的领导人为新任政府和白宫的经济团队。希拉·贝尔继续出任美国联邦储蓄保险公司主席，并表扬了美联储的伯南克先生。出于对经济政策和国防的考虑，蒂莫西·盖特纳被选举为新一任的财政部长，萨默斯成为奥巴马的顾问，布什政府的罗伯特·盖茨同意继续留任，其出任甚至未接受参议院的确认。

许多人对于这些入选人的看法褒贬不一。但是真正重要的是投资者的反应，主要是证券购买者的反应。如果证券投资者欣赏现在美国的作为，那么他们将在美国投入更多的资本，利差将会下降；或者不喜欢时，出现相反情况。依据美联储 20 多年来每日的观察经验，当证券利差下降时，股票市场和经济都有所好转；利差上升时出现相反情况。这是由于复利法则的作用。

不久之后，市场发行投资者应该喜欢现在的组合。从 2009 年 1 月 20日奥巴马宣布就任以来，图表 9.1 中公司债券的利差下降了 750 多个百分点，美国经济的潜在年度财富增长能力增加了 7.5 万亿美元。尽管在复苏问题上美国还有很长的路要走，但美国和世界金融系统在 2008 年 11 月 20日之后的 60 天中重新充满了活力。

美国国际集团：另一个 2008 年的里程碑式事件

除了上述事件外，还有雷曼宣布破产后的几天内政府对美国国际集团（以下简称 AIG 公司）的救助事件。AIG 公司的失败并未改变信贷市场的轨迹——这些市场已经以任何人都未见过的最快速度迅速衰落（由于上述解释过的原因）。然而 AIG 公司的失败反映了美国自 1998 年以来所有不佳政策所积累起来的不良影响的大爆发，在一个集团中积累出如此大规模的不良资产，值得我们探讨。

AIG 金融产品部（AIGFP）成立于 1987 年，3 个创始人是原来道崇证

券的交易员，产品部由金融学者霍尔德·索辛领导。他们说服 AIG 的首席
执行官 Hank Greenberg 在其核心保险业务下再扩展创建另一分支机构，该
机构借助 AIG 公司的 AAA 信用评级从事复杂衍生品交易。特别重要的是，
索辛同时引荐另外 2 位道崇证券的银行家托马斯·萨维奇和约瑟夫·卡萨诺
进入该领域。①

　　AIG 金融产品部的主要活动是在托马斯·萨维奇这个数学天才的带领
下设计产品。他在第一波士顿交易总部和 DBL 工作后，于 1988 年成为部
门首席执行官。他创建了多条设计分离的抵押担保债券的运算法则。他了
解许多他人不熟悉的保险、证券和衍生品。在萨维奇领导 AIG 金融产品
部时，似乎同该公司进行交易成员的总负债总是远少于其总资产（以今天
的角度，是 40 年的远期或者在 0~40 年远期），且现金流可以任意隐蔽的
方式存在。

　　2001 年，萨维奇决定退休，寻求数学以外的激情。当他离任时，AIG
金融产品部的收入超过 5 亿美元，是 AIG 公司的主要盈利部门。在离任之
前的几年，他允许卡萨诺开始就摩根大通发行的证券设计违约保险。运用
耶鲁教授加里·戈顿的成果，AIG 金融产品部设计了好多类似的违约保险
产品，因为他们估计这些主权银行在未来依旧会"大而不倒"，违约风险
极低。

　　在萨维奇离任后，AIG 金融产品部在信贷违约保险领域的参与速度加
快，显著扩大规模。在卡萨诺接替萨维奇之后，AIG 公司不再满足于现有
平稳的客户增长率，只从事潜在资产担保、意外保险业务和其他投资项
目，它通过提高各种类型信用违约互换的风险曲线来追求高收入和收入增
长率。比如 AIG 开发了对债务抵押证券的违约保险产品，并收购了该证券
的高级分支和子分支。特别的是，AIG 业务重心由之前的低 β、低增长率

---

　　① Robert O'Harrow Jr., Brady Dennis. 美丽的机器 [N]. 华盛顿邮报，www.washingtonpost.com/
wp-dyn/content/article/2008/12/29/AR2008122902670-pf.html，2008-12-29；Robert O'Harrow Jr.,
Brady Dennis. 降级和倒塌 [N]. 华盛顿邮报，www.washingtonpost.com/wp-dyn/content/article/2008/12/30/
AR2008123003431-pf.html，2008-12-31.

的真实世界风险（如沉船和台风）担保产品转移到高 β 值的金融产品。

AIG 针对高盛集团的金融危机调查委员会（详细记述了其臭名昭著的 Abacus 系统性债务抵押证券）的计划，收购 Abacus 2005-3、Acabus 2005-CB1 和 Abacus 2005-2 的从属部分。而另一个重要投资方是高盛集团债务抵押证券发行办公室。

针对一家公司的债券或次级债券的违约性进行保险，或者对管理层面临股东法律诉讼的风险进行保险，都属于同金融市场高度相关的风险，而对轮船沉没风险的担保则同市场毫无关联。回顾伦敦劳埃德海上保险市场建立之初的历史，可发现当时劳埃德的主要工作是运用保险为从事农业活动的农民做自然对冲。作为 AIG 金融产品部经理和 AIG 董事的汉克·格林伯格则犯下了基本性的错误，他对借款违约或证券违约或其他更高的相关风险进行担保，并认为它们同风险调整条款一样有利可图。实际上，乍一看 AIG 金融产品部报告中的收入颇丰，但从其所承担的风险考虑，该机构处于亏损状态。

金融风险建议师罗伯特·阿尔瓦尼蒂斯在 2008 年 9 月系统风险分析的采访中提到了 AIG 所犯下决策性的巨大失误，在 AIG 的全盛时期，他曾有幸在那儿工作，之后他又在美林工作，他认为 AIG 犯下了同追求高 β 值金融风险的机构相类似的错误：

低 β 值是指同市场不相关的风险。这种风险一般指保险公司对沉船和台风进行定价时，存在的非市场、不相关风险。在哈里·马科维茨所在时期之前的 300 年，拥有土地的英国贵族依靠直觉，发现他们的财富来源于地租和粮食，所以他们将一部分钱用于投资伦敦劳埃德海上保险商会。如果今年的收成好而一些船沉了，那么你在粮食上赚钱而在商船上赔钱。如果下一年情况正好相反，那么你可以靠保险赚钱。伦敦劳埃德海上保险商会是保险行业中第一笔分散投资的机构，他们坚持只对如台风和火灾这样真实世界的风险进行投资，这些风险同市场毫无关系。现在保险行业开始发展壮大，开始担保一些高 β 值的风险。他们售卖负债保险、担保，甚至证券保险。而信用违约互换更是完全违背了之前基本的低 β 值模型。保险公司现在投资于具有越来越高 β 值的风险，他们创造出了一个极完美的市场。

AIG 金融产品部凭借其在信用违约互换产品上的成功，为金融衍生市场注入流动性并填补空白，它以合同的形式成为不规范衍生品交易市场的创造性产品，并承担了许多交易者和经理层都未曾发现的金融风险和流动性风险。实际上，AIG 公司在不怎么清楚状况的情况下，成为华尔街上一系列信用违约互换合同的商业票据清算机构。总之，当市场参与者破产时，所有市场上非完整的交易都以该机构为中介，因此我们应该加强对票据清算机构的管制。如果票据清算机构未得到联邦接收机构的帮助，即后者代表无辜债权人对交易进行分类，那么机构哪怕犯很小的错误也会导致破产（在金融领域，任何小的错误都可变成晚上的噩梦）。

AIG 金融产品部的主力技术人员认为他们清楚该问题，并知道如何保护公司以免受风险波及。但是几乎没有任何人可以预测当信用违约互换产品的投资者和交易商转移注意力、关注其他领域时，市场将会发生什么。AIG 将自己视作信用违约互换的交易商，但实际上它只是在摩根大通和高盛集团这样的衍生品交易银行手下打工的零售商而已。该公司仍然属于次级贷款发行者，在重商主义出口国和其他"吸盘"证券购买者的资金支持下不断发行该类证券。而且它们的风险同长期资产有关，这意味着投资增长率掩盖了递延风险的大小。20 世纪 80 年代的道崇垃圾证券也由于该风险经过许多年才得以兑现。到期时的风险比发行预测值高了 15 倍。

如果那还不够糟糕的话，接下来 AIG 金融产品部的母公司——AIG 公司对其所有部门进行重组，使其全部可通过合营和担保获得廉价资本，以 AAA 信用评级之名进行融资。该方法在形势大好时"的确极好"，但在形势不好时简直糟糕到不行。

在评级游戏中，可用飞机模型的例子来区分好的公司结构和坏的公司结构。企业中的每个单位都是引擎。当飞机飞行时，有两个引擎的飞机比只有一个引擎的飞机更安全。如果在飞行需要两个引擎同时工作时，该飞机的风险更大（由于失败风险是一个引擎飞机的 2 倍）。实际上，AIG 公司的所有保险部门都是相互担保的，并同时受 AIG 金融产品部中信用违约互换产品违约风险的威胁，意味着整个公司在不出现灾难性事件时是不会破产的。当 AIG 金融产品部失败时，这个支撑整个公司的引擎将会通过相互担保制度，引致整个公司破产。

雷曼兄弟倒闭之后，某个全程关注这些经济事件的华盛顿特区官员曾问过美联储为什么会救济一个不受联邦监管的保险公司。在此时已经知道信用违约互换使 AIG 金融产品部暴露于风险中（包括通用公司这样高质量的每个美国信贷者都有可能无力偿还短期负债，甚至会破产），如果 AIG 出现风险，那么在危机中救助它的原因就很明了。如果不拯救该信用违约互换票据的清算机构，那么所有该机构的参与者也有可能会破产。依据白芝浩原则，AIG 应该为自己的愚蠢行为接受惩罚，但该惩罚不能够影响到市场上其他的参与者。另外，与 AIG 合营的企业和担保公司使得 AIG 金融产品部的风险传导至其他每个拥有 AIG 产品的保险公司中。弗莱德认为联邦救助可能是唯一的选择。

由于 AIG 巨大的规模、国际影响力和内部担保条款，对 AIG 金融产品部救助的失败可能导致整个 AIG 关联企业的破产，并迫使整个保险部门进入清算破产程序，而保护保险人的利益是首先要考虑的问题。同 AIG 相关的破产有可能会引起其他大型银行、经纪人和保险公司的破产，不管这些机构是否为 AIG 的关联方。

不像雷曼兄弟公司，AIG 拥有许多高质量的抵押品且无利益冲突问题。在雷曼兄弟破产问题上，美国政府无能为力。而依据白芝浩原则，是必须救助 AIG 公司的。该举措可防止雷曼兄弟公司破产和美国政府支持机构接受监管引起所有领域利差上涨这样类似的情况再次发生，因为 AIG 同国际领域联系紧密。

如果所有的实体都陷入危机又会发生什么呢？请参照表 9.1。

表 9.1 中的 12 个表格都反映了在不同证券市场情境下总财富（左上方）和股票市场（右下方）的反应。最上面 3 个是关于联邦基准利率（美国无风险债券的利率）的假设情况。在左方的是 4 个利差假设。表格中心部分为 2005 年美国的总财富（股票和债券）状况（100 万亿美元）和股票

所代表的财富状况（大约 50 万亿美元）。

2005 年的市场接近于完备市场，在此时 10 年期国库券利率为 5%，利差很低（表格脚注中估测为 2%）。

反向计算 2005 年的总财富和总负债后，我们可算出支撑此种财富程度的年现金流水平。我们可运用此现金流计算其他不同基准利率和利差假设情况下 11 个表格中的数值。

结果发现，它与自 1998 年以来对市场每日分析的预期值相关（可反向分析 1987 年的情况）。尽管股票市场在 2009 年 3 月并未达到谷底，投资者仍然预测在 2008 年 11 月末，在有必要的情况下，美联储将会降低利率至 0，总财富将会下调 25%（到 75.4 万亿美元）。

我们再减去之前财富值的总负债 50 万亿美元，那么总财富中的股票市场大约下降到之前的 50%，变为 25.4 万亿美元。

表 9.1 显示了当 2008 年美联储实施了大衰退初期所选择的通货紧缩政策时的政策影响。如果为了保证美元价值稳定，将利率推升至 10%（或者任何会引起利率变化的原因），那么该表格中的复利公式促使 2005 年的总财富值降为 53.5 万亿美元，股票净值下降 93%，由之前的 50 万亿美元变为 3.5 万亿美元。

1933 年，被人视为最伟大的经济学家欧文·费雪分析了通货紧缩对不良负债清算的影响，他将该情况比作外科医生任由肺炎患者自生自灭而什么都不做的状况。不幸的是，国会的一些"医生"确实同意上述治疗方案。

如果 AIG 不幸破产，利差不幸因此又上升了几百个百分点，那么 1933 年费雪关于世界范围内破产的预言就将成真。国际经济中的股票财富将会消失殆尽，使其不得不重建基础。当然，约翰·皮尔庞特·摩根和亨利·福特一定会在提出此建议之前尽快将手中现金之外的投资卖出。亨利·福特在 1933 年同胡佛政府代表见面时曾忽略了他们关于银行倒闭不良影响的警告，并声称将会重建该系统。事实上，当其他人破产时，摩根和福特也拥有足够多的钱去购买市场中的一切，不过也许那也是他们催促政府采取其他疯狂举动的原因。

第十章

2008~2014 年：复活、复苏和改革

回顾过图表 9.1、图表 9.2 和图表 9.3 之后，我们现在讨论 2008 年危机之后的复苏情况和还需完成的工作。我们在此引用图表 9.1 中的数字，并回顾在复苏阶段发生的关键事件和它们对信用利差的影响情况。

伯南克在华盛顿特区的演讲（图表 9.1，事件 21）

美国和世界有惊无险地熬过 2008 年，一大部分归功于美联储所采取的政策。正如之前说过的，在保尔森部长领导下的财政部就是该段时间中不稳定和不确定性的来源，尽管现在他将拯救世界的功绩归功于自己。事实上，大多数拯救全球金融系统的功劳都应归在美联储成员和数以千计的监管者、律师和金融专业人员名下。错误已经犯下，一些未知的错误及未解决的问题都留给了下次危机。

由于一系列原因，2008 年之后的一年也相当艰难。所有类型的投资者刚刚意识到 2009 年以来美国银行的损失范围和大小，但是，我们估计要在几年后才会确定华尔街上这一轮欺诈所引起的实际损失情况。

不确定性的另一个来源是对奥巴马政府所选取发展方向的疑问。2009 年初出现的不确定性来源于美国财政部长盖特纳的税收申报和其他政策。作为纽约联储的主席，他是最初几个成功挑战格林斯潘"欺骗就是自动调

节的过程"和衍生品不需要监管言论的智者之一（该言论显示了格林斯潘对金融理论和现实领域认知的巨大差距）。盖特纳和其他几位监管者在调查纽约银行时发现，衍生品交易的记录存在巨大差距。

　　不论大家是如何看待这些缺乏监管衍生品的风险或优势，在没有各方权利和义务的记录情况下，任何人都无法实施这些合约。表外负债总有一天会被发现。盖特纳先生说服主要银行以最快的速度递交有关衍生品交易的记录，因此他在《存管信托和清算公司条例》的支持下开始创建一个受监管的票据清算机构。该记录最起码为监管者提供必要时放松市场的能力。

　　盖特纳的行为似乎并未影响到次级贷款危机的发展，但上述问题早该得到重视。纽约的衍生品交易员故意创造出一个不清晰的市场，并对场外衍生品交易市场做出基本的修改和改革。回顾 20 世纪 90 年代，就在大型银行为垄断次级融资市场打下基础时，当时的前任美联储纽约区主席杰拉德·科里根加入了高盛集团，并在将近 10 年的时间里拖延了对场外衍生产品市场的监管。科里根在 1993 年加入高盛集团之前废除了美联储纽约区对交易商的监管功能，自此之后，他开始致力于推出无效率的柜台衍生品交易（包括信用违约互换）。

　　如果大法官布兰代斯今天还活着，他绝对会批评这种场外衍生品交易市场，称它是"当面的欺诈"，因为人们故意在该市场中交易他们既不拥有也不能借贷交接的资产。

　　在人们讨论是否任命盖特纳为新一任美国财政部长的那段时间里，利差上涨了近 200 个百分点，截至 2008 年 11 月 20 日奥巴马就职，投资者大约损失了 2 万亿美元（总共 7.5 万亿美元）。在市场情况又处于下行阶段时，美联储伯南克在 2009 年 3 月发表另一次演讲，表明美联储将会竭尽全力保证美国金融市场的运行。

　　国会在此之后通过了奥巴马支持并签署的刺激计划。市场开始全面复苏。2009 年 3 月，美国股市跌入谷底，市场上的利差出现了有史以来最明显的一次上扬。到 2009 年 6 月，信用利差又下降了 600 个百分点，美国财富增长了 6 万亿美元。

欧洲债务危机（图表 9.1，事件 22）

美国明确将会采取所有措施禁止任何美国"大而不倒"银行发行信用违约互换产品，禁止该种交易之后，该领域的投资者又发现游戏的"后门"。他们开始运用大型银行所发行的信用违约互换产品，裸露做空欧元区较弱国家的主权债券。

如果该做空行为在欧洲引起浩劫，并存在欧元币值猛跌而引发另一场欧洲战争的可能时，则欧洲必须迫使美国政府为该产品埋单。法国和德国的保守派有可能采取惩罚性紧缩政策，促使美国政府就范。

在欧洲领导人发现自己被骗之前，投资者将美国公司债市场的利差推高了 100 个百分点（见图表 9.1）。银行市场利差的变化更加明显（见图表 9.3）。在欧洲事件爆发前，市场趋势是恢复到之前的完备市场，且其同信贷市场共同达到了均衡状态（见图表 9.3）。

2010 年，美国通过的《多德—弗兰克华尔街改革与消费者权益保护法案》明确规定，当清偿了所有存款者后，存款支付优先顺序将会限制未担保信用违约互换产品持有人恢复到之前的资本金地位（不论是否为银行），图表 9.3 中银行利差的上涨趋势是向反方向发展。当欧洲区的经济问题和金融问题变得更加明显后，美国银行利差再次上涨。这可能是出于以下担心：美国将会在欧洲金融基础设施倒塌后不得不清偿之前的票据产品。尽管此时通过的《多德—弗兰克华尔街改革与消费者权益保护法案》中的有序清偿机构顺序规定，禁止银行救助任何非银行机构的经理人和所有者。

貌似包括参与裸做空信用违约互换交易的卖空者正在制造一个典型的危机碰撞问题。

之后数月以至数年中出现的欧洲债务危机再次摧毁了美国信贷市场。

美国共和党赢得众议院选举（图表9.1，事件23）

在美国市场恢复过程中，2010年大多数时间，美国的利差呈下降趋势（见图表9.1和图表9.3）。美国联邦学者都知道众议院的大多数席位从一政党转移到另一政党代表着华盛顿特区政府将发生变化。国会议员的任期为6年，故他们并不受政党政治的影响，但公众对于华尔街行为的愤怒之情以及对政府救助大型银行（例如，花旗银行和美国银行）的不满情绪在2010年达到一个高峰。而众议院是人民自由发言的地方。这里是民众表达其民主意愿的地方，它也是所有税法法案产生的地方。

在危机复苏阶段，美国通过了《多德—弗兰克华尔街改革与消费者权益保护法案》。该法案通过后，在危机中出现过的众议院拒绝不良资产救助计划这样的事情将不再发生。在选举结果公布后，利差小幅上升。但是市场很显然预测到众议院将由共和党掌控这一事实。

新的刺激计划（图表9.1，事件24）

在国会议员选举之后，一般很少会出现政治敏感性问题的解决方案。重新当选的成员有很长一段时间准备下任选举，而议员们只需在选举之后这段时间中，最大化发挥自己的政治才能。在此情况下，国会制定了刺激法案。在这之后的3个月里，公司债券利差第一次在2007年10月保尔森部长宣布超级结构投资载体渠道计划后，下降到危机区域底部（见图表9.1）。同时，银行利差下降到完全市场区域（见图表9.3）。

债务上限危机（图表9.1，事件25）

在美国金融市场看似安全时，新上任的国会议员表示，他们并不关心美国是否会债务违约，他们希望为建立一个更加稳固的经济而实行财务紧缩政策。

从 19 世纪的观点看，共和党的态度是可以被理解的，但在现代社会中可能并不适宜。共和党实力很强的红色州并未受房地产危机的影响，也不主管着那些接受政府额外救助的金融机构。共和党的红色州内的收入水平、房屋价格和其他影响经济的指标都低于民主党支持率较高的蓝色州。红色州这个群体在政府中的惯用伎俩是反对救助大型银行的提案和集体辞职。毕竟，很少有人能分辨出以下两者的区别：为了防止危机对总负债产生摧毁性影响而保证系统性安全的要求与在贝尔斯登、花旗银行和美国银行面临困难时对其经理层和股东采取救助。

当经济开始稳定时，华尔街又开始寻找新的机会。进行制造和出口产品的美国非金融机构的经济状况开始转好，一部分是由于低息政策方便公司重新进行债务融资，并以极低的融资成本进行投资。而金融部门的缺陷仍存在，次级贷款的影响一直延续到今天。

银行的问题是资产负债表中存在太多的不良资产以及表外的那些早期未曾申报的负债，而且仍然平滑的劳动力市场表明，借款者不愿意进行新的借贷。民主党们认为依据传统凯恩斯曲线，对新商品的需求来源于借债，因而应促进商业借贷行为。但消费者似乎被 2010 年的争论所影响，继续偿还贷款，并限制消费。

在许多例子中，公司借款者拥有的过多现金并不是优势。实际上，商业贷款的维度同降低的消费信贷属于同一维度。

本·拉登的死亡（图表 9.1，事件 26）

一些影响市场的事件会让投资者安心。这个威胁所有人自由的恐怖分子的死亡，促使美国信贷市场出现短期恢复现象，降低信用利差至图表 9.1 中的危机区域。

希腊收紧预算（图表 9.1，事件 27）

本·拉登的死亡事件，不久后被欧洲新发生的事件所代替。希腊突然的缩紧政策引起动乱和希腊政治危机。此轮的欧洲危机以希腊采取紧缩性财政预算而告终，但该结果的安抚效应并没有延续太久。

2011 年夏天，这些事件合起来促使公司债券利差上扬了 100 个百分点。该事件又促使图表 9.3 中的银行利差上涨到危机区域，这表明美国需要更多大西洋彼岸国家的帮助与支持。

茶党的兴起（图表 9.1，事件 28）

茶党代表着反对自大萧条时期起掌控美国政治的公司集团者的下层保守党的利益。茶党在小型政府和公民自由方面有着独到的贡献，这两个名词本身都不包含贬义。但他们关于财政的想法是绝对充满怨气和自我毁灭的。它同之前摩根和福特的言论相似，充斥着自私自利和狭隘的思想。同之前的保尔森部长在 2008 年所提出的那些政策一样，德国理论家 Dietrich Bonhoeffer 通过对茶党在众议院中的议程观察后，得出下述结论：

同邪恶相比，愚蠢的行为是善良最大的敌人。

为什么这一正在崛起的美国政治团体认为债务违约并摧毁美国法律规则能够成功实施下去呢？在美国制作的一些喜剧电影中，一些蠢笨的国家可以做出一些特别愚蠢的行为，所以别的国家（一般是美国）不得不花钱拯救它们。然而在本例中，一部分人认为唯一的方法，就是说服国会通过摧毁一切来防止政府债务继续不可控的迅速膨胀，这也是极其愚蠢的。在投票选举不成功后，他们又决定扮演政治恐怖分子的角色，绑架了金融市场。

几十年来，像美国税法改革创始者格弗罗·诺奎斯特这样的说客们，一直成功地向外推销"政府需限制支出，以控制其增长率"的说法。但在宏观经济学中，税收、支出、借贷和偿还借款对节制的货币主权来讲，影响极小，只要他们可以按时履行还款义务。这是由于改变一国的财政方式，必然会使某些人利益受损，某些人获取利益，并浪费人力和物资（就像战争一样）。

因此，经济学家认为信用利差的改变对经济有更大影响。高利差很有可能减慢流通速度，利差支付不会在任何水平上产生任何宏观经济利润来补偿经济运转的支出。

关于税收的讨论将国家分裂成许多部分，政府效率下降，但总有人能够从改变中获利，这些人就是之前的鼓吹者和政治家。这也是我们从不停止财政政策讨论的原因，所有人都很自然地希望得到更多的政府救助或减轻税收负担。

在事关政府是否按期偿还债务的争论上，茶党的策略惨败。2011 年 7 月和 8 月双方达成了一致。由于共和党的国家违约策略，信用利差再次上升了大约 100 多个百分点。显然，茶党并不明白利差上涨 100 个百分点，意味着美国的积累财富大约每年损失 1 万亿美元。15 万亿美元的政府债务同美国 50 万亿美元的财富值相比，远高于前者同 100 万亿美元的比。

茶党在众议院排名第二的政党——共和党的支持下，立场坚定。他们威胁着要迫使美国债务违约，而不去做世界上每个正常的投资者会做的事情——增大支出，走出萧条。当时，金钱之所以会流入美国的债券市场，是因为大家相信即使在负收益的情况下，美国仍然会遵循旧例，在金融危机远去之前加大支出。毕竟，偿付能力取决于经济增长速度。

当任何国家的投资者在祈求不支付任何利息的情况下借款用以支出时（还国家的钱来获得新的资金），只有愚蠢的人才会问问题。当利率开始突破 0 利率线时（已考虑过通货膨胀），还有很多时间用于将中介渠道转移到私人部门。当利率降到通胀率之下时（回顾欧文·费雪的作品），应该去借款用以支出，直到金融危机中的负利率有所改变。

美国有许多值得融资的项目，在改进基础设施的同时获得盈利。但不幸的是，似乎许多国会议员并不知道这些话背后的含义，或者说并不认为这种认识有利于其在国会再次选举中获得成功。

美国利差的部分变化同欧元区的某些小国的债务违约有关。为什么法国和德国领导人认为某些花费过多钱去购买德国商品的国家应该在饥肠辘辘中学习节俭，应修改有史以来最有可能促进长期和平的欧元区计划呢？难道法国忘记了第一次世界大战中要求赔款的教训了吗？难道德国忘记美国和其同盟是如何在"二战"后减免其战前债务，减少赔款需求，并给予足够多的贷款帮助他们恢复经济的吗？

由于欧洲和共和党为了达到收缩目的而退出债务违约计划，银行的利差再次突破上限，升至危机区域中，直到 2012 年欧洲恢复平静（见图表 9.3）。也许美国经济中制造产业的复苏促使金融条件有所好转，欧洲事件对美国借款者的影响并没有对银行的影响那么坏（见图表 9.1）。

伯南克在杰克逊·霍尔发表的演讲
（图表 9.1，事件 29）

伯南克在怀俄明州杰克逊·霍尔的讲话表明，美联储在达到其最终目标——价格稳定和与价格稳定相关的完全就业之前，将不会停止购买证券。尽管没有人相信美联储可以通过印发钞票的方式制造工作机会，但该讲话还是极具安抚人心的功效。通过该演讲，伯南克向做空者发出警告。如果制定被认为无弹性的保守货币政策的人员决心为促进经济复苏而赴汤蹈火时，做空头寸的做法是愚蠢的。

受共和党威胁的美联储继续行动（图表 9.1，事件 30）

一些共和党领袖试图阻止美联储积极的行动，以确保美联储能帮助他们在华盛顿特区政府中获取更多的掌控权。此时的美联储在担忧财政部的借款能力，华盛顿特区官员则将中央银行视作二级机构。

受欺负时不奋起反抗是错误的行为。在国会或总统同美联储产生争执时，我们从过去的经验中可知，美联储作为公共机构的公信力被削弱。这种不良的分歧影响将会持续很长一段时间。

当美联储很清楚地表明自己不会被共和党的威胁所影响时，债务做空者意识到他们没有可能再成功。2012 年 10 月初，欧洲的某些争端引发更多的争论。一旦欧洲中央银行开始坚持保护欧元区免受攻击，图表 9.1、图表 9.2 和图表 9.3 中的所有利差再次回落至危机区域之下。

从 2012 年末之后，这 3 个图表利差都显示出，市场处于完全均衡的状态。我们发现未来事件影响着投资者，利差上涨。我们需要提醒财政政策和货币政策制定者，要审慎做出决定，防止 2007~2008 年那样糟糕的状况重演。

当信用利差稳定地处于较低水平时，股票市场呈现强劲的回升趋势。稳定的低信用利差能够完美地促进制造部门的扩张，股价上涨是十分合理且具有逻辑性的。当经济中的私人制造部门扩张时，现金流增加。当现金流增加的速度超过利率的上涨速度，总财富将会扩张（见表 9.1），并确保负债和/或股票随着利率上涨而提高，消除通胀影响。增加的价值能够促使政策制定者采取其他措施，为更加平衡和美好的经济未来奠定基础。唯一的问题是还需要多久时间，政策制定者才能将梦想变为现实。

在货币政策发挥效用时，美国还需要实施许多政策以改善市场环境。我们需要继续改革，促使私人部门参与者继续进行信贷创造，在不创造新的危机前提下，减少吸收美联储投资。

茶党的敲诈（图表 9.1，事件 31）

2013 年 9 月，美国政府财政年度即将结束，国会中的共和党同茶党联合在一起，要求关闭政府。更糟糕的是，茶党有可能迫使共和党采取政治上自杀行为——迫使美国政府在财政上违约。该目标是为了反击奥巴马和民主党在 2010 年 3 月不顾共和党反对所通过的美国医疗保险改革方案。但是以违约作为政治工具的方式本身就是一个笑话。

在投票失败并无法掌控众议院后，共和党决定采取政治恐怖主义。该行为的后果十分可怕，有可能对市场产生更大的影响。

美国每个月都应该偿还8000万美元的债务。当理查德·尼克松企图通过扣押还款的方式减少通胀时，国会通过法案，裁定此种行为不合法。实际上，美国财政部相当于制造了一台大型自动提款机。任何寻求还款的机构，只要符合条件，该机器就会自动还款。唯一阻止其还款的方法是，ATM中没有足够的现金。

鉴于我们不可能准确判断方向，上述方法很合理。我们大约需要一个军队的人来判定美国政府每月的还款该给哪一方，而又可以忽略哪一方的要求。如果ATM突然停止工作，每天大约400万美元的还款将会堵塞在机器的出钞口，并从此之后日复一日地滞留在这里，停止支付其他款项。日积月累则有可能影响到世界上的每个银行和投资者。

如果停止几天里的公共安全支出，那么又有多少国会议员将会退出下届选举呢？汉克·保尔森已经吸取教训，放手让美联储通过积极支出的方式防止出现致命性的通缩状况。共和党国会议员们应该听取纽约议员杰克·坎普的建议，指引投票者思考如何改变经济状况，而不是摧毁它。

在近代财政史上，负责任的人或群体不会提出对本国（或者其他发达国家）破坏性如此大的建议。2011年，欧盟和世界其他地方的经济由于国会债务危机的威胁而处于危险的边缘。这使得2011年茶党在投资者心中的形象相当可怕。市场给予茶党愚蠢行径的反应是下降了8个基点的信用利差。更简单地说，市场认为2013年茶党的行径属于愚蠢和荒诞无稽的表演。

2011年的争斗表明，对尽职的政府管理的破坏只会在市场上产生即时负面的破坏性影响。2013年的争斗说明，投资者和负责任的领导者已经看穿茶党的政治伪装。他们已经决定忽略这一切喧闹的争吵，无视茶党的叫嚣行为。2013年10月16日，共和党众议员同议员们达成协议，同意停止关闭政府部门并继续偿还债务，危机结束。大约80名共和党众议员和40多名参议员同民主党一起携起手来，避免新一轮金融危机的来临。

少于 10 名的共和党议员和大约 65% 的共和党参议员需要接受"财政责任同金融稳定"这一主题及如何达到金融稳定的教育。该教育是简单的。图表 9.1、图表 9.2 和图表 9.3 无误地提供了证据，表明财政政策的组成要素。表 9.1 展示了货币条约的收益/成本。

观察图表 9.2 我们发现危机引起了何种灾难。在该图中，上升是不好的，下降是好的。2008 年 11 月 20 日那么高的峰值代表世界经济都在衰退，而且如果美国债务违约，衰退情况将会恶化。该峰值是大危机时峰值的 2 倍。再次重复该错误，无疑是将世界经济末日同共和党的政治自杀行为联系在一起。

在图表 9.2 中，信用利差每超过完整市场均衡状态 1 个基点，代表着美国的财富创造能力下降了 100 亿美元。既然世界大多数的公司证券中介活动在美国完成，那么美国证券市场的波动有可能影响世界其他地区，其破坏效应有可能是之前的 2 倍。以 2008 年 11 月 20 日的破坏效应来看，美国财富值以每年 17 万亿美元的速度收缩（全球是 34 万亿美元）。没有任何人会采取如此破坏性的行动来促使政治或个人议程的通过。违约武器应被禁止使用。

如果共和党想要削减政府部门，或者重新商议美国医疗保险改革方案，他们能做的是在选举日改变结果或者发起新一轮投票。如果他们获胜，那么依据选民意见，调整联邦政府规模是理所应当的行为。而为了防止投资者对这些新政有着过激反应，应该循序渐进地进行改革。

茶党的行为是愚蠢的。如果大家以此为戒，那么 2011 年和 2013 年的争端也不完全是无意义的行为。真正有意义的争论是如何创造工作机会、减税、削减政府部门。共和党人可通过上述提案吸引投票人，并得到金融市场的支持。上述行为对民主党人也适用：如果你的提议可以促进股价上涨，稳定地保持低利差水平，那么你就在通往成功的正确道路上。

第十一章

不同的环境需要不同的解决办法（因时制宜）

罗斯福就职时，密歇根州的银行倒闭，大萧条摧毁了底特律，整个国家都处在危机之中。60年后，当克林顿就职时，通用的下属子公司——通用汽车金融公司正在寻求一切资源进行融资，将通用从200亿美元的亏损中拯救出来。而当2009年奥巴马就职时，通用公司宣布：公司的损失已超过300亿美元，整个世界似乎都处在破产边缘。

通用公司的主要领导层从第二次世界大战的历史中学到的是：通用公司可在《美国破产法》指导下进行重组。国会和布什政府实施的不良资产救助法案帮助美国政府拥有大型银行的股份，并在银行系统决策中拥有重要的话语权，政府成为企业最大阻碍，防止他们通过第11章破产申报程序保护自己。这意味着政府可以防止通用和克莱斯勒公司，通过养老金福利担保公司法案重新开始，减少不当行为带来的巨大损失，这些公司希望通过上述法案摆脱之前的债务困扰。

为了加快重组程序的速度，通用公司雇佣纽约传奇性律师哈维·米勒。他曾在雷曼兄弟申请破产保护后的一周，成功得到法庭的批准，将雷曼兄弟的经营资产卖给巴克莱银行。雷曼案例的架构同2009年通用公司在日本最大规模破产——日本租赁公司案例相似。1998~2001年，日本租赁公司在通用汽车金融公司的资助下，完成公司重组。

雷曼兄弟、通用公司和克莱斯勒公司资产售卖过程受美国《破产法》363部分的保护。雷曼兄弟利用该法条，成功将经营资产卖给巴克莱银行和野村证券。通用的领导层都十分了解售卖过程。直至 2009 年春天，通用公司（在 1993 年不可能发生）和克莱斯勒（在 20 世纪 80 年代早期需要国会批准特定法案）的重组活动已经准备就绪。

之前，福特公司并不是通过法定破产方法进行重组，而是在经济意义上进行重组。在 2006 年，福特公司雇用了前任波普公司首席执行官艾伦·穆拉利，并以公司所有资产为抵押借得 236 亿美元。连福特的蓝色椭圆系列安全系统都被抵押给银行家。该大胆行为帮助福特公司凭借充足的现金流度过 2008~2009 年的危机，而 2009 年，通用公司和克莱斯勒公司不得不向联邦政府申请，才得到法庭批准的 170 亿美元融资，用于重组。而福特家族在 2006 年的作为，有助于他们保持对福特公司的控制权，而通用公司和克莱斯勒公司的股东在第 11 章破产大量稀释股权的过程中，被逐渐取代（政府借给这两家公司的救助款都悉数还回）。

穆拉利在 2006 年借贷会议上，接受纽约时代记者采访时曾说"这对我们来说是重新定义自我的时刻"，此次会议距他上任之日，还不到 90天。"但如果我们和政府处于不同道路上时，他们绝不会借钱给我们"。

福特公司采取不同的方法应对 2007~2008 年危机，一些主要的福特支持者平稳度过危机，这要归功于通用公司和克莱斯勒公司的成功重组。穆拉利承认 2009 年的重组活动对整个行业都有好处。如果通用公司和克莱斯勒公司破产，福特公司将会缺乏足够的支持者，危害到以后的内部重组活动。

然而到 2013 年，底特律这座城市需要破产重组。

美国在 20 世纪 30 年代和 90 年代以及 2008 年的经验让我们明白，是什么促进世界金融重获新生并延续之前市场的稳定性。当某一事件引起债务收缩时，世界越快越精准地应对收缩，对所有方面越有益。

本书中介绍的第一步，是货币机构加强借贷，防止过度收缩抹杀掉本国财富值。在不摧毁大家对经济的信心前提下吸收表外负债。然而第二步更加困难。它涉及对公司不良债务的重组，这样能够促进经济平稳增长并创造机遇。通用公司、克莱斯勒公司和福特就是重组成功的案例。美国的房产部门则是到目前为止最失败的例子。

从 2006 年福特公司与 1933 年通用公司和通用汽车金融公司的案例可看出，私人部门的政策更加有效。华盛顿政府唯一要做的是加速制定法规，放开市场，并确保各方官员继续朝着该方向努力。不幸的是，当美联储通过提供大量流动性来拯救整个金融系统时，第二期重组活动并未发生。

对私人部门的救助失败后，需要政府发挥作用，当政策合意时，可逆转危机。通用公司和克莱斯勒公司的破产重组和底特律正在进行的债务重组，都是在普通《破产法》下，另一方重新考虑方案的案例。在必要情况下，政府自己也可作为参与者进行重组活动。

如果政府和各方不能够就债务达成和解，那么法官将代替政府机关听取各方意见，合理解决债务争端，而不用采取监禁的方法（除非如伯纳德·马多夫和艾伦·斯坦福案例一样，出现盗窃行为）。如果此方法也无法解决，那么这就是重复过往的错误了。这种失败也是阻碍美国经济和房产部门发展的首要因素。20 世纪 30 年代，数以百万计的美国人自 20 世纪 20 年代末房地产市场崩溃，被通货紧缩所困扰。这些市场直到 20 世纪 50 年代，甚至于 20 世纪 70 年代才得以复苏。

在 2006~2009 年次级贷款危机期间，大约 25% 的房屋价值低于次级贷款的数额。所有的庭上调解都以失败而告终。所有房地产抵押投资渠道证券化的传递结构防止以下情况：公司通过破产重组获得救济的方式，影响帮助创造这些证券的实体（美国西南部 20 世纪 80 年代局部危机中，曾通过降低价值影响债权结构）。但国会至今仍拒绝抵押人在破产法庭中对抵押贷款进行重组。

在没有进一步行动之前，没有人能够联合起来对个人和房地产债务进行重组，而该活动是促进美国房地产行业完全复苏的必要步骤。然而可以确定的是，必须要做的事情之一，就是减免数以百万计美国居民的未归还房地产债务，或者重组成他们可接受的水平。只有那时美国经济的未来才会明了，所有的房地产和就业才能够开始复苏。

消除房地产抵押投资渠道的排他性，需要允许市场创造更多类似于信用违约互换这样新形式的债券，公司债券发行者可对以期货为标的的衍生品证券及抵押贷款类证券产品进行重组，并在未来发生类似危机时尽快促进债务复苏。在 20 世纪 80 年代局部标准普尔危机中，建设证券的发行者曾成功完成该过程。

现存的房地产抵押投资渠道并不能运用第 11 章的章程，达到该目标，因为这些实体属于被动基金，不能被视为债权人。如果国会认定房地产抵押投资渠道证券符合破产的条件，那么有可能引起宪法中有关保管人权利和证券持有人权利的争议。因此，针对房地产抵押投资渠道证券重组问题，唯一可行的方法是通过特定的破产程序：在抵押人寻求救助时，法官有权重新定制还款义务，以便借款的偿还。

2013 年 12 月末，RealtyTrac 的数据显示 18% 的住房仍处于缩水状态，意味着住房拥有者欠的钱比房屋估值还要高。总的来看，在 2013 年末还有 930 万的住房处于缩水状态，大约 25% 的漏洞需要填补。事实上，在 2013 年末 6 个州的水平比全国平均水平（18%）还要高 10 个百分点：内华达州（38%）、佛罗里达州（34%）、伊利诺伊州（32%）、密歇根州（31%）、密苏里州（28%）和俄亥俄州（28%）。

事实上许多住房仍处于缩水状态或近期来看还处于此状态，是有助于在限制房屋销售供给的情况下提升房价。但是这对房价的影响是短期正面的，而对美国经济的影响则是长期负面的。每一次价格显著上涨时，市场中的另一方发挥作用，用于销售的房屋供给增加，再次降低价格，开始新一轮的、经数十年才会发挥作用的衰退周期。

在标准次级贷款发放规则中（在次级贷款兴起的那些年常常被忽略），房屋价值为新的次级贷款数额的 125%（即担保品贷方率为 80%）。当房屋的贷款估值（依据危机之前的估值）较高时，售方需要支付一笔接近的款项，除非之前的次级贷款支持债务抵消功能（卖空）。当卖空出现时，卖方通常被要求写一份支票交给政府，因为债务减免创造税收收入。但是当次级贷款处在房地产抵押投资渠道基金中时，就很难出现卖空。

这也是联邦政府通过低利率和量化宽松政策去创造就业和提升消费方

法中最大的阻碍。确实，如果将 2008 年至今这段时间里美联储为了复兴美国经济所做的努力，视作国家经济复苏第一步的话，那么第二步就是在居民住房市场上重组次级贷款。它们不属于通过第 11 章进行重组的商业次级贷款，在解决家庭次级贷款问题上存在着实践和法律上的障碍，从而成为最明显的阻碍经济增长的问题，特别是在经历过几年的调整后 2014 年的房价还在下降。

上一次美国房地产市场面临今天这样灾难的时间，还是在大萧条时期（房屋价值缩水、价值刚恢复正常和次级贷款的过剩问题）。从 20 世纪 20 年代到 70 年代，诸如佛罗里达州这样的地方仍受 1927 年土地破产的阴霾影响，这样的状况直到房地产信托基金出现和大家为疯狂避税而重新购买房产才结束。1929~1941 年，房地产金融中的所有人都在恐惧中停滞不前。第二次世界大战扰乱正常经济发展达 10 年之久。市场经历 20 世纪 60 年代和 70 年代这 20 年的复苏，在通货膨胀的推动下，佛罗里达州和其他州才从 20 世纪 20 年代末的打击中完全恢复过来。

美联储通过购买次级贷款、提升杠杆的方式解决房地产供给过剩的问题，但还有很多别的事情需要解决。为了保持价格稳定，美联储需要做出其他努力。2014 年惊人的银行次级贷款借款量也证明了：美联储在解决房地产问题和信贷创造方面的能力有限。

另一种方法是重组，但国会必须允许美联储拥有同国会一样的权力，可以制定并通过破产法案。国会受银行部门的影响（鉴于他们不想承认现有/隐藏损失），态度强硬地拒绝任何促使重组工作有效的更改方法。用于房地产抵押投资渠道证券化的相关债券可以被重组，因为公司拥有这些次级贷款，并通过这些贷款发行了无追索权的证券。这些发行人可以重组他们的次级贷款资产，并给予这些债权所有者相应权利。由于房地产抵押投资渠道的排他性，这些次级贷款被托管。房地产抵押投资渠道的托管人不再是拥有这些债券的债权人，托管人不能通过重组负债的形式获得救济。而撤销现存的房地产抵押投资渠道，又会引起自由订约方面的问题。

只有国会拥有达成上述目标的宪法权利。我们需要除去破产法官在重

组一级次级贷款的禁止权，允许抵押人合法得到救济并延期缴纳次级贷款
债务减免方面的税收。但该事件近期发生的概率为零。债权人、受托人、
服务商和担保人一系列相互交织的权利体系，阻止我们创造一条新的重组
道路。在过去的危机中，一个或多个举足轻重的银行（如花旗银行）通过
大量冲抵资产的方式解决未偿负债问题。当银行资产可支持银行度过危
机，那么银行将会变得更加强大。但在此次危机中，似乎没有任何一家银
行可以开始重组被低估的刺激贷款，促进经济复苏。

　　当然要知道，投资者所拥有的数以百万计的次级贷款的担保人是美国
政府支持机构所发行的证券。在破产中修改被担保的高级贷款的条款，都
相当于将银行的次级贷款转换为房屋净值贷款。在许多例子中，发行次级
贷款的受托人和银行是同一个机构。这种混乱促使银行放弃调解过程，延
迟报告次级贷款的损失，因为一些银行认为此举最终将迫使美国政府承担
其所有的损失，毕竟除此之外没有人会这么做。

　　20 世纪 30 年代，还存在几家有能力重组贷款的政府机构，但他们要
花费数十年才能清理这些多余款项。在 2014 年，似乎没有国家愿意解决
这些问题。所以，我们还在数以百万计的贷款中苦苦挣扎，并任凭它们快
速增长。

　　缺乏经济复苏的加速器，比如快速上升的房价。下一个金融危机的解
决方法集中于另一个消费者购买的长期资产——汽车。因此，我们需要重
组通用公司、克莱斯勒公司和福特公司。现在美联储运用低利率和量化宽
松政策所能做的是保存美国经济的制造能力。

　　当商业增加就业后，就可以重组个人金融部门。我们在完成第一个目
标上做得很好，但第二个主要受到了房地产问题的阻碍。在时间和政府一
方或双方解决该问题之前，金融机构、消费者和整体的美国经济都难以
发展。

　　如果美联储能够在不危害复苏的情况下，阻止资产购买并平稳利率，
那么我们已经能够完全从 2008 年的世界末日中复苏。危机的深度和救助
的广度将花费 67 万亿美元，意味着美联储和其他中央银行需要更长的时

间来期待低利率的到来。

　　如果没有强健的复苏，美联储就不可能卖出资产组合中的重要部分。当越来越多的投资者要求回报时，美联储就不得不购买资产。那意味着恢复过程良好，其政策发挥了效果，股权得以保存，并且对金融资产的私人需求增加。只有那时我们才可以宣布复苏成功。

第二篇

金融稳定理论

第十二章

论点: 法规+自由+透明度→均衡

市场参与者包括发行人、债务人、贷款人和所有者，所有的参与者都可以享有公平待遇、获得自由和平等的机会，他们可以通过套利交易获得无风险收益，前提是：对欺诈有足够的约束；按时匿名报告交易状况；要求参与者能够清楚陈述他们的财务状况。

当某个价格代表了最小的可持续中介成本时，在这个价格上，供给和需求就能使金融稳定。

当私人部门参与者不能够有效地达到维持金融稳定性的市场价格或信用利差条件时（一个或多个），货币当局就必须采取最小化中介成本的必要交易，同时鼓励私人部门参与者继续积极参与，以使货币当局可以逐步停止类似交易活动，逐步抛掉之前收购过程中获得的头寸。从这个观点来说，美联储 2008 年后采取的行动（在本书的第一部分有所涉及）将会给我们提供一个很不错的实例。同样的还有，当法定权利的解释不正确时，为了避免出现市场控制，政治当局应该按照需求纠正市场调节中错误。

第十三章

言与行

无须多说，想要维持金融稳定性，付出实际行动比口头上随便说说要难得多。

欺诈，简单来说是采取两种度量批准，大约在 4000 年前就已被犹太人所禁止。2000 年之后，耶路撒冷神殿的大祭司通过操纵两种货币（罗马币和寺庙币）的汇兑进行欺诈来增加自己的私益，然而却牺牲了朝圣者的利益。一个建立了新宗教的拉比试图揭露骗局，他采取的主要办法是将朝圣者从金融操纵的重负中解放出来，进行强制公开竞争。大祭司和罗马当局，在一些耶稣努力想要帮助的人们的默许下（以及他最亲密朋友的沉默下），下令处死他。

他们当中没有人能够明白如何去改变程序。没有人知道为什么耶稣要力图在一个开放的市场中进行货币兑换，大部分的朝圣者并不知道逾越节出售的羊羔身上的欺诈利润就藏在表里不一的汇率控制之后。

在罗马的街上，货币兑换者不能使用寺庙币做生意。寺庙的大祭司已经熟悉如何通过筹款和使用货币兑换者的收益分红来经营寺庙。将货币兑换的过程移至寺庙外，可以引入竞争，最坏的情况也不过是因为侵占了作为军队利益来源的税收利益，而被逮捕罢了。

没有人明白市场的透明度将会起何作用，而且，害怕改变一直是人类的普遍反应。

40 年过后，罗马摧毁了那座保护大祭司兑换骗局的寺庙。在文艺复兴时期，教皇通过表里不一的操纵基督教政治和个人的收益，引发了相似的结果。在 1527 年神圣罗马帝国皇帝查理四世的军队入驻之后，罗马沦陷，很快便诞生了宗教改革。

国王由于滥用金融工具引起了反抗，特别是在英国、美国和法国等国家。在今天每个国家的政治领袖仍然滥用金融工具。自从罗马沦陷后，时间已过去将近 500 年，我们仍在为一个终极问题而战斗，即如何建立一个开放的金融市场，实现金融公平并保障生产部门的工作效益。

例如，在乌克兰，西方银行协助房地产开发商融资，从而造就了通过"偷窃"白手起家的亿万富翁，同时也使数千人背负了万恶的抵押负债。只有当腐败达到极致时，自由市场才会有所反应并处理掉那些违法者。

信用利差是自由市场的解决方式，也恰好能够测量投资者对政策变化的反应，通过这一观测指标，我们能够得到更为准确的数据。但是，一些国家领导者仍然拒绝西方国家的自由、法制以及可以防止金融危机的透明度。不顾之前的反面范例，一些国家依然试图通过独裁统治，实现经济垄断。

尽管大萧条给美国上了一课，但是国会还是拒绝弥补抵押市场所犯的错误，这阻止了美国从 2007~2009 年的金融危机中复苏。国会拥有为全美国制定统一破产法的权力。美国需要一个统一的程序来调和之前未恢复的抵押贷款平衡，以及数百万美元的损失，并销毁之前所有的抵押贷款记录。

我们现在知道的最大的困难是，美国的一些大银行不能出售或者解决目前账面上的贷款问题，因为它们无法找到相关的索赔文件记录。许多贷款人自愿销毁对原版的修改记录，并将它们替换成完全不可靠的电子文档。没有了相关文件提供的证明，任何人都无法分辨出那些被欺骗的借款人和贷款者的权利和义务。

在这样的泥潭中，即使是一个结构完美的债券交易市场也不能发挥它的作用。通过坚持让债权人证明期票债务人签署的文件没有给那些代表这些票据和集合的人，债务人就有权力要求防止重复付款。在危机开始的 8 年后，住房领域悬而未决的问题还始终像一个沉重的包袱紧紧缠绕在消费者、贷款人、纳税人还有市场的脖子上。这就是为什么在 2013 年末，还有 2500 亿美元价值的家庭抵押贷款留在美国银行的账上。还有房地产抵押贷款投资渠道信托持有的数千亿美元的抵押债券不能被重组。

　　让大多数人从自身所犯的金融错误中脱身，这也是美国宪法明确要求国会创立破产程序的原因。为破产制定统一的法律，可以防止过去大祭司和国王滥用权力的现象再次出现在官员之中，可以防止这些官员为了少数人的利益牺牲大多数人的利益。美国宪法第一条规定，宪法赋予国会创立破产法院的权力，因为立法者意识到破产的迅猛，对一个健康和繁荣的社会是十分必要的。然而，在这场危机中，以及到目前为止，这一代官员似乎丧失了智慧，相反地，他们更加关心如何去奉承大型金融机构以及担心得罪可能会使他们败北选举的政治激进派。

　　一些基督教的信徒仍然不明白对表里不一的欺骗行为的警示作用。金融家、评估师、审计员还有律师，这些为欺骗者服务的人员一直寻求通过不同的方法为他们自身牟利，从而侵害了顾客、股东和同胞的利益。在美国，对不同的投资者，监管当局和税务当局使用不同的会计制度就是混乱思维一个很好的例子。

　　不像一世纪耶路撒冷的货币兑换商，在今天并不存在着在竭尽全力去美化欺诈行为后，仍被惩罚的风险。2013 年 5 月，对弗莱德 67% 的货币交换进行管理的教堂不需要听从罗马士兵关于加强铸币垄断的命令，它只需要接受信用卡即可。

　　在欧洲，有更多的战争起源于金融操纵，其数目之多是世界上任何一个国家都不及的，在这里有统一的货币，除此之外，最近一次危机带来的后果就是引起银行体系的又一次改革。至今，欧洲仍然在为交易证券和使公众更加便捷的获取金融信息而努力。这一改革给予了欧洲信用利差的数据，这些数据现在被美国用来跟踪日常投资者对金融政策变化反应的影响，按照亚当·斯密的"流通车轮"理论，这些政策的变化会引起流通成本的改变。

　　至少在现在，英国和欧洲是一个共同的自由贸易区，但是英国却一直拒绝在货币上和欧盟保持一致，这导致了弗莱德最近经历的汇兑欺诈事件。没有人知道欧洲是否会建立一个中央政府来为各个主权国家和统一经济体的需求提供支持。

美国已经从触发危机的市场结构缺点中吸取了教训，并且持续地在吸取教训。不管是导致大萧条的崩盘，还是 2008 年的金融危机，都是由一个庞大而系统的会计要素欺诈性确认原则——资产负债表外负债而触发的。

英国在大萧条之前长期使用的对恐慌的解决方案在美国 1929 年的大萧条之后却失效了，因为人们没有意识到各国间需要阻止对金融系统的滥用。这一失败的组织架构让美国的最高法院郑重重申了对抵押的不完善承诺"确凿归咎于欺诈"的原则。

在诸如《统一商法典》、《破产法》、《统一欺诈转移法》等的改革推行之前，20 世纪 30 年代的抵押担保是第二种针对信用（风险）的应对措施。更早被注意到的是，1925 年最高法院制定的法律从原则上说是十分正确的，路易斯·布兰代斯在本尼迪克特案件中的裁决排除了白芝浩原则中最后贷款人的手段的使用，该手段本应能防止大萧条的发生。

为了解决 20 世纪 20 年代后期的个人信贷创造品的崩盘，美国必须在 1933 年将金融系统收归国有。但是，在美国通过使增长和危机并存的法规，重开市场经济大门前，美国实行的严格法规几乎使世界经济停滞。在最近的那次危机中，美联储做了一项很漂亮的工作，就是创造并且管理了一座可以使市场恢复平衡的"金融桥梁"。但是国会却在自然的政治反应下，对增长和信用创造进行了限制，这一举措限制了未来几年的全面复苏。这段时间，美国必须进行一项更好的工作来实现新的改革功能——允许美国放宽对美联储的管制和有效恢复私营部门债券交易市场。

当谈论到国内外群体时，美国金融市场的数十年错误历史显得十分有用。美国的错误经历现在在人们眼中俨然已成为一个幽默事件，但是它却可以给予人们和其他国家智慧经验，让这些人和国家避免这样的错误再次发生。不幸的是，愚蠢是人类普遍的一个脆弱之处，它会一遍又一遍地发生。领导者最好的建议似乎很少起作用。

20 世纪 50 年代早期，美国帮助日本通过了公司重组法案。在日本应用该法案期间，似乎只有通货膨胀时期该法案才能发挥作用。在 20 世纪 80 年代后期的房地产泡沫破裂了以后，日本陷入了严重的通货紧缩时期，这一时期该法案并未起到任何作用。从 1998 年开始，美国的专家们就给日本提供重组技术的帮助，这些重组技术有助于日本走出自 20 世纪 80 年代开始的近十年的阴霾。但是没过多久，美国和日本就忽视了此次事件的教训。

或许只有延长预期寿命才能够带来金融的稳定性。从不同的形式来说，造成 20 世纪 30 年代大萧条的原因也恰恰是造成 2007~2009 年大衰退的原因。两次危机前后不过相隔 70 年，这不是很长的一段时间，危机的实质却是一样的。然而，这 70 年对美国人来说已经足够长，长到可以使他们只隔了几代人便忘记 20 世纪 30 年代那次危机的教训。

为了使金融的稳定和经济繁荣成为规则而不是罕见的例外，需要人们有足够的经验来避免重复的错误和有效惩治欺诈行为。直到最近，人们才开始相信只有当人类的预期寿命开始提高到一个水平，世界才有希望维持金融稳定。或许，单凭该事实可以给世界提供成功的希望，但是从 4000 年的经验来看该事实却是同现实恰恰相反。毕竟，在次贷危机和随后的衰退引起的欺诈事件中，被起诉的欺诈事件寥寥无几。

马蒂·罗宾指出在金融危机之前，关于处理所犯欺诈罪起诉的法律并不准确（罗宾，2014）。但显然情况并不是这样，从 1925 年的布兰代斯大法官决定对欺诈行为进行惩罚之后，美国过去的几代领导人采用了众多的法律工具来惩罚欺诈和相关的劣迹，目的就在于给金融稳定一个机会。所欠缺的是，在金融市场上的政治惩罚是口是心非的。《纽约语录》中南区的法官杰德·S. 拉考夫对罗宾如是说。

原因不是像罗宾先生所表明的那样，州或联邦的法律不能够覆盖这些行为。相反地，单独从联邦的水平看，就有许多关于故意对资产抵押证券的信誉进行虚假陈诉的刑事犯罪的法律，包括邮件诈骗法规（18.U.S.C.∫ 1344）、银行诈骗法规（18 U.S.C∫ 1344）、证券诈骗法规（15.U.S.C.∫ 78ff）

等。因此，我们并不赞同罗宾先生的建议，不认为需要更多的法律来阻止事态进一步恶化。法律武器已经准备好了，现在只要集中精力于刑事起诉上。问题就在于，将由谁使用这些法律呢？

和之前流行的观点——由于法律的欠缺，对于在次贷危机之前所犯的欺诈罪已经无法追溯。正相反，事实上，在 2008 年之前，这个法律架构就已存在了数十年。当金融机构遭遇损失时，如果起诉理由正当，根据现行的联邦银行法案进行的民事和刑事救济是十分有效的。就像我们在 20世纪 30 年代学习到的那样，这需要法官和检察官花费一定的时间来回忆旧的原则（以提供建议给其他法庭上的工作人员加以参考）。

以艾伦·斯坦福为例。他最初的无能几乎导致了投资者们的全军覆没，主要原因是他进行庞氏骗局的离岸司法管辖区拒绝起诉欺诈事件。一旦得克萨斯州的情况继续上演，斯坦福就要断掉董事和高级职员的责任保险，因为保险公司让美国的法院相信这可能是一场犯罪。就这样，斯坦福被判了无期徒刑，监狱成为了他永远的归宿。麦道夫欺诈又是另一个很好的例子，它很好地说明了当果断的律师和检察官们使用现有的民事法规和刑事法规惩罚欺诈时，正义是如何发挥作用的。

然而在次贷危机崩溃之前的大部分欺诈交易有一个麻烦就是这些欺诈交易涉及了通用类的资产——实名住房抵押贷款——这些资产大量地涌入了国内的大型金融机构。在 1998~2008 年发行的大部分抵押贷款支持证券并没有真正的销售，相反它们又成为了贷款的担保品。对这类销售交易的两面派报道称"确凿归咎于欺诈"。花旗、贝尔斯登、雷曼兄弟、全国金融公司、华盛顿互惠等提供了大量利用本书的指引来研究欺诈问题的机会。

但是事实上，政治家们并不会追击欺诈事件，因为这样做可能会带来系统本身的瘫痪。这是在非常时期美联储和其他机构一直在努力拯救的事情。不过，这在未来并不会减少认识和了解欺诈的需求。这也是我们写下本书的原因。

第三篇

对金融稳定理论的论证

第十四章

数学不等式：$(1+i)^x > (E = mc^2)$

在阿尔伯特·爱因斯坦的退休发布会上，一位记者问这位伟大的科学家：历史上最重要的数学公式是什么？正如我们所知，基于爱因斯坦的相对论，人类拥有了核能、热核炸弹（虽然爱因斯坦本人极力反对）以及成千上万较为和平的应用。然而面对记者的提问，爱因斯坦却微笑着回答："1 加 i 的 x 次幂。"他认为这种"复利法则"曾经比其他任何一个等式给人类带来的影响都要深远。[①]

当该公式被运用到金融中介的资产与负债中时，金融稳定理论将公式中的 i 和 x 全都最小化了。这就说明了金融市场上的均衡如何在整个经济的各个方面达到最大程度的公平与效率（生产率增长）。更进一步说，在某个给定的现金流水平上，我们可以计算出投资利率 i 的变化所导致的精

[①] 伊斯兰的法律禁止收取利息，但允许存在非强制的风险收益。因此，应该用 r 替代式中的 i。由于 r 没有创造负债，使得固定金融资产的估值变得困难（限制了交易负债和利用杠杆提高收益率 r 的能力），但却解放了其缩减不可收回的债务的能力。早期的基督教义也禁止收取利息。但自从宗教改革以来，合理地收取利息就被允许了，也导致了高利贷的出现和破产法中的对利息收取的减免。美国联邦政府明确定义了债务的权责和求偿顺序。当借方本应用来偿债的资金挪用为自身运用，欺诈和盗窃法（民事和刑事法）将会保护债权人（税法将权责加倍），但对某位债权人的更多偏好仅仅会导致破产来临时债务的提前偿还。在"深石原则"（又称债权居次原则，衡平居次原则）下，当有必要解决欺诈或不公平的问题时，不同企业实体间的债务分离可以被忽略。在美国，破产案件受托的求偿权具有足够的效力使绝大部分的（抑或所有的）伯纳德·马多夫公司的投资者会得到偿还。如果受托人的求偿权不具备足够效力，法官将会引入破产管理的程序来追缴欺诈参与者的剩余资产。美国《破产法》规定可以免除非欺诈性债务，现在与之不同的可疑之处在于，对于基本住宅的首次抵押贷款不允许被修改。

确影响。表 9.1 解释了此结果。

金融稳定可以最小化生产中的财务成本，并最大化投资的效率，以创造更多的生产力。然而，它是通过最小化未分配利润（常常用于财务经理报酬的支付）的方式实现的。

不难解释，金融机构可以通过最大化他们顾客的财富增长率，进而提升他们对银行信贷业这一金融中介机构的需求来获得长期增长收益。然而，公司的经理们肯定不会认为低水平的未分配利润是一件好事情。

经理层利益和社会、机构的整体利益的矛盾是所有欺诈性道德风险（例如表外负债和影子银行）产生的根本原因，所以一些高盈利、高杠杆的财务计划就变得合乎情理，这些计划往往会隐瞒投资者和监管者。限制竞争和恶意操纵（利用两种度量而实现的隐瞒投机行为）的欲望是人们与生俱来的。

"复利计息"的法则是解释低利差下宏观收益的罗塞达石碑（隐喻关键线索或工具）。表 9.1 使用基础利率和利差设置估值利率上限，将现金流转换成为股票和债券的价值，使得经验结果与理论相符合。

随着时间的推移，只有一个实体（国家）现金流的价值可以用来对财富的经济价值进行估值。依照长期以来的绝对优先求偿权的规则，债券的清偿要优先于股权。因此，在给股票估值之前必须剔除支撑债券的现金流。尽管被认为对救市非常重要，在 2008~2009 年提供给美国国际集团、贝尔斯登和花旗集团的一揽子救助计划破坏了古老的优先求偿规则，但是这一政治事实没有改变我们的分析框架，并且《多德—弗兰克华尔街改革与消费者权益保护法案》规定今后不会再出现类似的救助计划。如果想在未来接受救助，公司必须先接受破产管理，比如将美国联邦存款保险公司作为贷款人。

表 9.1 显示，在一个低利差的完全市场，如果基础利率由 5% 下降至 0%，一个恒定现金流的价值将升高 68.5%；如果基础利率由 5% 升高至 10%，其价值将下降 30%。如果有 50% 的杠杆，那么随着基础利率同样幅度的下降，股权价格将上升 137%；随着基础利率同样幅度的上升，股权

价格将下降 60%。

在每种基础利率确定的前提下，利差对我们的分析有着重要影响。当基础利率为 0 时，一个完全市场利差和 2008 年危机来袭时的"末日市场"的利差的区别就是总价值跌落 55%（如果反向考虑"末日效应"，将上涨 123.5%），并且股价跌落 78.6%（如果反向考虑"末日效应"，将上涨 366.5%）；当基础利率为 10%时，相应的数据为总价值跌落 23.5%（相反的，上涨 31%），股价跌落 82.6%（相反的，上涨 474.3%）。

两种理论在"如何使危机中的市场恢复正常"的应用和一个正常市场之间的差异也可用相同的表格来描述。在 2008 年的经济危机中，美国从正常的信用利差走向了零基础利率的"世界末日"。在大萧条时期，联邦政府（不知是否为法律要求的）执行严苛的法律，但当基础利率上升时，整个美国经济滑向了深渊，使得整个股市下跌 93%。

实际上，大萧条时期的决策者遵守着白芝浩最初的预言：必须利用高利率来给市场注入流动性，但是法律却阻碍将流动性注入有需要的实体中去。经过了七年的政府干预经济，有证据表明，要美联储提供超额准备金的意愿不是由市场自身的通货膨胀引起的。我们需要寻求一种可积累的增长（比如现金流增长）来扭转经济危机后令人窒息的通货紧缩压力。需求的增长正是我们战胜财务紧缩所需要的。

表 9.1 上方中央的表格代表了经济危机前的水平，用来建立假定的固定现金流。下方左侧的表格则是描述在 2008 年美联储零息政策后的危机情景，下方右侧表格则是代表在危机条件下，若采取大萧条时期的清算方案的情况。我们可以看到，运用当下美联储的政策带来的财富增长幅度将比运用大萧条时期的政策高 41%（股价高 625.7%）。

更进一步地说，经济恢复的困难反而帮助了美国联邦政府重新创造了更高程度的金融稳定。若用大萧条时期的清算方案来恢复经济，需要股价增长 1328.6%，而运用 2008 年联邦政府的"零息方案"仅需要 98%的股价增长。这就是说运用大萧条时期的方法恢复经济将比运用 2008 年被政府采纳的金融稳定理论恢复经济困难 13.56 倍。

当然，对于空头方或者简单地囤积财富静待金融危机的人们而言，通货紧缩的情形将会给他们创造一个机会——以危机前7%的价格购买股票（若依照美联储的方法将会是危机前50.8%的价格）。1933年，福特加速了经济危机。在危机蔓延时，他相信自己可以安之若素，对数百万美国人即将面临的遭遇漠不关心。同样自私的情形也出现在约翰·皮尔庞特·摩根身上，在1907年的危机中，他确信他的合伙人可以帮他解决个人困难。

摩根有可能劝说起草联邦储备条例的那些人去阻止中央银行支付利息吸收自由存款，以便确保自己可以继续为了一己私欲而在接下来的危机中掌控和创造更多的财富吗？尽管不存在相关的记载，但是历史证明这种猜想不无道理。一旦美联储有权力给超额准备金支付利息，它就可以革新美国经济，并且以此获利，至少暂时获利，这充分解释了解除摩根阻碍的好处。

从表格中还可以明显看出公司价值的信用利差和贷款的违约风险都在扩大。当信用利差从完全市场均衡状态扩大到危机来袭时的末日水平，即便是做出了最优反应，整体股价也会下跌大概50%。实际情况是，基础利率没有任何变动，股价却下降了75%。

如果那些变动是平均水平，当整体股票市值下降50%时，很多边际借款人便陷入了违约境地。如果那些追踪企业违约的人将本书中的信用利差图表和违约公司实际数据相比较，他们将会发现一种近乎完美的关联。违约率的变化和信用利差的变化各自独立但几乎同时发生。

不断上升的信用利差将使很多公司陷入违约境地，对其造成的冲击比提高基础利率对其的冲击还要大。当基础利率升高时，随着新老债务的更迭，对受益方和损失方的冲击相互抵消。因此，当美联储调整短期利率时，几乎不会对经济造成长期影响。但是人们不会在意这种相互抵消，因为它仅仅在债券到期时才对公司造成影响。如果考虑这些因素，信用利差变化的影响将比基础利率变化的影响更应受人重视。

为了说明信用利差和违约率扩大是如何影响银行业，我们将一家遵守20世纪60年代"3-6-3原则"的银行与一家拥有公益不良资产的银行相比，使用复利计息方法来看看两者将会有什么变化。如果一家"3-6-3 原则"银行拥有资产 10 亿元，负债 9 亿元，运营成本为资产的 2%，且它的股价每年复合上涨 13%，那么 5 年后公司的价值将上涨 84.25%，10 年后将上涨 239.5%。

如果违约率达到了使运营成本和资产收益相抵消的程度，并且扩大的信用利差使得储蓄利率上涨 200 个基本点，相对于 2008 年的情景算是非常温和的增长，"3-6-3 原则"银行在两年内将会破产。

因此，杠杆对于银行而言是一把"双刃剑"。因为银行在社会中扮演非常重要的角色，所以稳定经济的措施必须要在整体经济景气和衰退的两种情况下考虑。因为银行的负债最终都是纳税人的钱，所以所有表外亏空与投机行为都是非常荒唐的。

市场赋予公司自主决定贷款利息的权力，而且正是过高的贷款利率才导致很多优良贷款变成坏账。开放的市场与违约行为强制性限制是降低利差的关键。因此，金融稳定理论是由金融市场中运用的数学法则所支撑的。

第十五章

法则：未完成的出售与有担保的借款

在任何一个法治国家，债务人、债权人和所有者权利的规定以及对其保护均由法律来完成。依照法律，审计员在审计时，如果按照公认会计准则完成的财务报告不能很好地反映一家公司的真实财务状况，那么就需要变通规则。为了确保权责一致，一家公司的财务报告必须披露其资产和负债情况，以确保可以准确为其股权估值（净值）。

有数学公式表明，一家金融机构的杠杆率是决定其能否应对市场环境变化的重要因素。所以，披露公司的债务情况是极其必要的。

那么是否存在创造表外负债的空间呢？声明这样的承诺就是默许欺诈行为。"表外资产"这个词本身就是表里不一的象征。

只要是负债，很显然就必须出现在资产负债表里面。"表外"和"负债"两个词就永远不应该有交集。当一项资产被出售，那么其好的部分和坏的部分都要包括在内才算出售的完成。1925年，在路易斯·布兰代斯的提议下，美国最高法院认定：任何未完成的出售或抵押"确凿归咎于欺诈"。未完成的状态就会带来歧义，从而造成对所有权的两种度量，也就是欺诈的源泉。

因此，除非整个资产转移过程是完整的出售或抵押，最高法院将会裁定破产接收人或者债权人拥有绝对的权力去向买方或贷款人收回至少与所出售或抵押资产中最优质部分价值相等的财富。UFTA规定，一旦未完成交易出现，那么承让人就成为整个支付的受担保债权人。因此，交易未完成就不会产生欺诈了——未完成交易必须被视为含有抵押的受担保贷款。

因此，现在的联邦法律规定任何未完成出售均是转让者的抵押贷款。在没有确认交易完成（被解读成在转让过程中没有欺诈的发生或者限制性协议的缺失）之前，所有财务持续困难的出售方的金融资产转移必须被视为抵押贷款。

当投资者寻求金融资产转移（贷款、债券等）时会产生两个现金流：购买方支付给出售方的钱；资产转移中，从初始债务人那里应收的钱。所有其他的因素（契约、未来偿还等）都是购买方和出售方或者抵押人和接受抵押的人共同的商议结果。外部情况对交易的影响对交易双方而言都是完全一致的。所以，不管交易是出售或是抵押，所有影响交易的经济因素对交易双方都是一致的。

只有法律可以裁定交易（出售或抵押贷款）是否完成。因此，只有法律可以判定交易双方是否通过交易创造了贷款和出售行为。根据最高法院和 UFTA，只有当交易真实存在时，一项资产才可以认为被出售。

说到抵押品，自从美国《统一商法典》（UCC）在 20 世纪 50 年代颁布后，所有联邦自治州均采纳其第 9 条的规定。第 9 条规定，作为抵押品和出售物的金融资产将会受到同等对待。在采取特定的、可解决大法官布兰代斯有关证明完整抵押条件困扰的步骤之后，他们的权利都优先于转移者债权人的权利。当交易行为完全转移了被交易资产的任何净值（负债后）增长的主导权时，任何符合 UCC 规定的交易才算一个真正的交易。

抵押物或者写成出售物或其他，仅仅通过重新获得贷款人权利的权限，使得承让人成为了受担保的债权人。

USBC 和 UFTA 规定，当避免欺诈性转让的措施没有成行，任何真诚地支付预付款的承让人仅仅具有与预付款等价的留置权。当承让人仅具有获得与其购买价格加上（或许）利息等价的财富的资格时，承让人就是接受抵押的人，而不是单纯的购买方。这些承让人是被担保的一方（债权人），不是普通的购买方。

所以，依照现今的法律，任何一个销售交易，只要其未完成，依照

"确凿归咎于欺诈"的原则，都属于欺诈行为。因此，交易必须被认为是一项担保借款。在附录中，我们将展示真实的金融资产出售和法律担保的借款之间的区别。

　　因此，法律通过对透明度的要求和将所有未完成交易视为债务来践行金融稳定理论，同时排除了所有允许表外负债存在的讨论。

　　因此，影子银行的概念与法律要求和金融稳定理论是相悖的。由于真正完整交易被解释为满足所有《统一欺诈转让法》的所有要求的缺失，所有的金融资产转让将会给转让方带来负债。只有一个真诚地为未完成转让付款的承让人才能成为被担保债权人；否则，承让人最多也就只是一个无担保债权人或者次要债权人。

第十六章

经济学：存款＝投资

存款即投资是一条经济学原理。也就是说，一个国家（或整个世界）的所有资本货物必须要与公共及个人的债额和股本总额之和相等。

2005 年，美国的资本货物总共约 100 万亿美元。报告的债务共计约 50 万亿美元，股权总计是余下的 50 万亿美元。在整个世界范围内，上述每一类大约都是美国总量的 2 倍。

影子银行市场和表外债务在哪些方面是符合这一原理的呢？就美国而言，达到了 30 万亿美元，世界范围内是 67 万亿美元。

2007 年，一些金融机构在报告里提出，他们不信任表外债务，这时危机产生了。这也是那些将资金投入影子银行资金的投资者们逃离市场之时。通过应用这一主导资本货物和投资关系的经济学原理，投资者很快就开始质疑股权的价值了。如果美国报告的债务在实际上被低估了 30 万亿美元，世界范围内是 67 万亿美元。那么，美国的股权就应等于 20 万亿美元而不是 50 万亿美元，世界范围内是 33 万亿美元而不是 100 万亿美元。人们意识到世界经济的资产和债务不相匹配，这是引发金融危机的主要催化剂。

混乱开始产生了。对这个问题的认识好比向投资这条船扔出了重磅炸弹。一些投资者具有能够制造表 9.1 中显示的标准模式，他们本应该发现相似关联性。如果将 30 万亿美元的影子银行债务加到报告的债务中，股权价值就一定要降低 30 万亿美元，大约 60% 的比例。当基本利率降到 1% 并向更低水平发展时，已发生的损失直接与上述猜想挂钩了。

当然，在那种情况下，人们想把握住的资产就是现金或者可得的财政部债券，越来越多的投资者将会明白此时可得的财政部债券将会明显地帮助他们在债券到期前熬过这场风暴。

聪明的投资者知道美国股权下降了 60%，世界股权则是 67%。如果考虑到发生全面崩溃的时间，2007 年投资者们预见的正是 2009 年 3 月前所发生的事件。悲剧始发于保尔森先生为援救花旗集团和其他 TBTF 银行所设立的超级结构投资载体基金所发表的声明，这份声明在 13 个月后，2008 年 9~10 月，使信用利差达到峰值。欧文·费雪在 1933 年《计量经济学》发表文章中的精准预言成真了。

世界陷入债务通缩中。通过将缺乏后劲的私营部门债务替换为公共部门债务，世界才免于遭受债务通缩的恶果。这一转换的利率很低，久而久之也足以支持更高的股权价值，这就使之后将公共债务重新转换为私营部门债务成为可能。

在金融稳定性的理论之下，私人部门参与者用能够支持新时期经济扩张的私有替代品来偿还美联储公共过桥贷款，如果上述市场政策能够被采纳，那么这就意味着我们可以完全恢复经济。因此，经济规律也证明了该理论。

第十七章

会计：资产=债务+资本

在需要提供财务报表时，会计在与公司和个人法律义务相一致的情况下，运用数字法则诚实公正地报告他们的财务现状。

会计师应该保证公司始终使用同一准则，以防范欺诈。在遵循实现一致的上报这一主要原则时，会计的唯一目标就是从科学和其他领域来负责地给出结论。如果不能认识到会计这一辅助功能（尽管非常重要）将会导致金融不稳性的滥用。

会计的重要性体现在复式记账系统的效用上，它也是这一分析工具的核心部分。每一个借入和贷出项目都应有相应的条目，以保证财务报表中所想表达的两个重要均衡：无论何时，资产必须等于债务和资本之和；收益必须等于支出和收入之和。最后，从一个阶段到下一阶段的财务报表，现金流与存货要精确地处于平衡位置。

当某种报送出去的交易数据只反映其运用的会计准则，而未反映法律、数学、经济方面的准则应用，那么为了保持一致性应对该种会计准则进行修订。从 1997 年开始，只有当交易假设性地把资产置于转出人和债权人范围之外时，即使是在破产或其他破产管理的案例中，通过将金融资产过户记录为销售，会计标准已经使设计金融资产过户的交易遵从法律、数学和经济学规律。说明这一标准的测试可见本书的附录。

如果这一标准被广泛且统一地运用，就能够使会计符合美国最高法院设立的关于完全销售方面的决定和法规。并且使会计与金融稳定理论相匹配。

从 1983 年（由于 UFTA 没有出台，这时人们关于不完全销售的合法性仍存有疑虑）到 1997 年，会计准则取决于资产过户交易的形式。以销售形式的过户被记录为销售，而那些以担保借款形式的过户则被记为债务。在 UCC 之下，过户是有效的，但是它却被认为是销售品或抵押品。UCC 法案是为了解释 1925 年最高法院关于抵押品的相关问题而专门出台的。

销售是否属于完全交易在会计中至关重要，因为通过它人们才能区分销售和保证抵押权益的交易。为重新打开担保借贷市场，UCC 给那些承押人和受让者，与担保债权人同样购买账目的权利。在 1983 年，创建会计标准很有必要，因为分离的抵押担保债券使这一假设作废，人们不能仅仅通过改变金融工具的形式来增加价值。1983 年的标准犯了严重的错误。

结合 20 世纪 80 年代的经济状况，以及允许之前受监管的储蓄机构进行投机的法律，1983 年标准是表里不一的。它是以法律形式，而不是法律结果为基础。因此，实体机构可以选择抵押形式来避免报送交易过程中的损失，也可以选择销售形式来上报盈利。

这是导致联邦政府在储贷协会危机中承受损失的关键因素，正如我们看到的，比尔·司德曼将此作为政府有史以来最大的错误，这一错误仍持续影响着我们，直到 2007~2009 年危机以更高的危害程度打破这一纪录。

要求只将金融资产的完全销售部分统计为销售，1997 年，会计行业与法律站到了统一战线。如果这一新标准早就被统一运用，金融会计就不会参与到由影子银行和表外债务导致的欺诈中来。

在 1997 年标准生效前，联邦存款保险公司将它运用到银行中，结果发现，名义上运用的标准使得银行不可能销售金融资产。这是因为，联邦存款保险公司作为银行的接收者，承接了无辜的受保存款人权利，并且具有解约任何交易的权力。

在 1997 年新会计标准生效后，有人向联邦存款保险公司指出了这一漏洞。2001 年 4 月 1 日之后实施了 1997 年标准修订版本的规则，在此之前这段时间，联邦存款保险公司接受提醒重新考虑这一标准对于解约交易的权威性。为保障有偿付能力银行的偿债能力，在 2000 年美国联邦储蓄存款银行为了保证破产银行的流动性，采取安全港措施，该方法给予法律对应优势，有利于他们可以将转移视作销售记录于财务报表中，即使与其来往的银行并不符合美国最高法院真实销售的标准。

在安全范围内，美国银行隐瞒了大量的表外影子银行资产，这加剧了 2007~2009 年的金融危机。2010 年，联邦存款保险公司重新考虑并废除了安全港规则，这意味着 2010 年 9 月后的银行过户，必须符合由其他实体机构销售所应用的合法独立标准。最终美国政府有了单独的销售措施。那些不是真实销售的金融资产的过户必须被定义为借贷。附录中提供了标准以及与之符合的意见。

会计师应该为那些金融机构的诈骗行为负责。为了避免这一冒险行为，会计师必须征求合法意见，那些意见能够支持将过户记为销售。如果满足不了标准的任一部分，那么此过户就不是担保借贷。

过户条款必须满足能够排除解约情况的标准，在 UFTA、USBC 和其他情况的要求下，在以下情况下阻止过户：违背债权人利益优于股权所有人这一绝对原则；滥用公司法，不合理地授予普通股东超过优先证券持有人的优先权；不合理地给予业主经理优于债权方的赔偿。

恰当地加以运用，这种会计标准将消除影子银行和其他表外债务。所有的重新购买协议应该反映在表内的净增长上，并且不涉及潜在金融资产完全转移的活动将会被认为是担保贷款（假设有效抵押的条件被满足）或者是由主要银行向参与者提供的次级贷款的情况。在一些情况下，衍生合同没有参考相关资产的实际汇总而强迫支付，债务和资产将被高估，并且不会被报为净额基准。

总之，在任何两套标准都被应用的交易中都会"确凿归咎于欺诈"。

当然，报告最后的变动会要求根据不同的资产标准进行调整，以便不会重复计算资产和债务。然而，这是监管官员们所熟悉的事情。几十年来，银行间借贷一直记录于财务报表的总量中，而在计算要求准备金时则将其扣除，以防止重复计算。

如果运用正确，资产和债务的会计能够避免上面讨论的问题，未上报的债务能够说明存款必须等于投资的经济原理。2007 年，美国影子银行的 30 万亿美元（表外负债）在会计报表中产生了相等的缺口。由于投资者们不知道哪一个金融实体机构有多少未上报的贷款，最保险的措施就是卖出每一笔可能受到影响的投资。

由于这一灾难性的市场崩溃，会计证实了金融稳定这一理论。为建立稳定性，必须终止一切净额和表外资产报告。一旦我们承认了"表外交易工具"这一术语具有欺诈含义，那么其他的就好说了。

第十八章

国际贸易：经常账户赤字 = 资产投资 – 国内储蓄

国际贸易原理认为，经常账户赤字等于资产投资减去国内储蓄。伯南克通过这种方式让整个世界相信，美联储知道如何通过合作来防止 2007 年 9 月即将产生的危机隐患。在伯南克先生的解决方案被忽视了将近 1 年后（这时危机正在不断积累），美联储和其他货币机构正是通过该原理，应用金融稳定理论，支持了引导世界经济恢复的新政策。但是要建立稳定的市场政策体制，必须运用这一理论实现世界合作。

这一等式的含义不仅解释了 2007~2009 年危机，还说明了从国际贸易开展以来，每一次金融泡沫和由此引发的破产产生的原因。欧洲（和亚洲）的主要重商主义国家惊奇地发现，当进口国的资本市场被过度投机，并引发国内房地产市场泡沫时，均会引发银行业或投资市场的危机。

然而这就是所有经商者犯蠢的代价。他们拒绝使用进口货币（以维持经商者对经常账户盈余的需求），出口资金必须用来投资从而膨胀了市场。当政策阻碍了消费增长，资金既不会膨胀资本货物的国内价格，也不会膨胀进口国的资本市场，在这两种情况下，最容易膨胀的资本市场是那些不动产领域的资本。

回想日本 20 世纪七八十年代的情况。出口货物的价格低于国内生产成本。主要出口国以由银行借款膨胀的价格出售日本房地产，而银行借贷在使日元的汇率低于正常价格的同时吸引了进口的美元。

一份被广泛传阅的重组披露文件揭示了日本主要借贷方通过重新募集

资金的权宜之计，持续地吸收违约贷款损失，以获取未付利息。贷款方只是以日本房地产的价值，简单地假设相应的增长，而不是公开违约。结果，复利法则在订约租金的同时也扩大了贷款余额，但是人们却忽视了它对作为抵押品的日本房地产可出售价值的反向作用。

直到公司申请重组，未付利息使得贷款余额达到 200 亿美元，而此时从其所持有房地产的抵押总价值（包括任何可辨别的资产价值）中产生的持续现金流价值只有 800 万美元。当超过 95%的贷款方接受了重组给予他们的只有抵押品的合理价值这一计划时，他们清楚认识到了这一事实（贷款余额的 4%）。

同时，日本出口至美国的产品所获得的资本都被用于投资美国的不动产市场，而这些资本后来因为加速的通货膨胀和限制贷款（由通货膨胀战争和不必要的投资所造成）而损失减少。结果，更加剧了日本的损失。

由伯南克在 2007 年提到的国际会计恒等式的影响是，如果一个重商主义国家为了保证出口而防止任何利率调整的过程（否则将会导致净出口减少），不得不将其贸易顺差利得投入到进口该国产品的国家资本市场中。当资本市场中不存在有效的资本流入使用方式时（因为制造业的工作都被重商主义国家抢走），该原理中的内在平衡效应就会引发房地产泡沫。这是引起美国 2005~2006 年房地产泡沫的根源。

当达到有价值的房产和抵押投资都被吸收的情况时，一些通过向海外市场销售抵押贷款来盈利的银行家，开始关注质量越来越低的部门，以保证他们的销售机制继续运营。然而，当低质量导致不良效果并对"大而不倒"实体债务兑现要求被拒绝之后时，过度积累的流动性会开始崩溃，投资者需要努力去逆转局面。

为了使他们继续避免这种改变局面（或者减弱影响）的需求，重商国家被要求在美国投资，必要的话是以负利率，以维持他们需要的货币价值。因此，对该贸易原理的遵守引发了流动性陷阱，利率大幅下跌。这可能也是在长时间内利率持续低迷的原因。

在相应的一段持续期内，那些不满足的重商主义国家，面对这场闹剧仍然坚持支持出口的路线，势必投资回报率会因此下降。

在欧洲，在为解决整个欧洲银行间转移问题而设立的 TARGET2① 进程指引下，欧元区似乎终于以相对文明的方式修改之前的错误。举例来说，希腊银行危机的影响就是在欧元区内希腊的存款流向了经济最强的德国。当希腊银行不能够通过将现金转移到德国银行的方式去为存款过户提供资金时（因为他们无法收集贷款），TARGET2 进程给予德国受理银行一份资产及补偿，相当于德国账面的存款债务。接收的资产是由希腊政府担保的希腊银行债务。

因此，由于德国坚持要求希腊必须二选一来实施措施，希腊在金融上多多少少受到了德国这一要求的损害，其结果就是，德国银行越来越多地受到希腊损失的影响。最终，正如美国案例中卷入了银行的愚蠢行径中的某一区域，如 20 世纪 80 年代早期的得克萨斯州，TARGET2 进程将会保护希腊的平衡。

因为欧盟的优势远远超过了周而复始的德国商业愚蠢行径所造成的费用，德国不能强制征税，TARGET2 进程会迫使欧盟产生一个不会摧毁希腊及其他金融受损国家的解决方案。欧元区采用的方法是运用区域调节，而不是联邦资助，以使责任重新落于欧盟内部重商主义者身上。

一旦该政治方法正式生效，欧洲当局就可以很快制定出为解决欧元区危机和金融稳性的方法，且该方法并不会造成各国间的对立。最新的数据显示了希腊良好的经济走势，因此 TARGET2 是起作用的。当没有潜在的条约支持时，就更难找到解决方法了，但是我们相信，对于造成了 2007~2009 年危机的全球累计投资失误，全球需求的规律将会引导我们找到修正这 67 万亿美元的方式。

因此，国际贸易的基本原则加强了金融稳定理论的正确性。希望现在我们已经学会了如何在平衡中进行经济恢复。

---

① TARGET2 是 TARGET 系统的第二代，TARGET 是指泛欧自动实现全额快速结算系统。

第十九章

人生哲学：仁心善举 > 个人利益 > 奸猾欺诈

在圣城耶路撒冷，当历史的左脚跨入公元时代，圣人希勒尔对犹太法进行了诠释，即爱邻如爱己，为何如此定义，从其他各个方面我们可以发现原因。在之后的若干年里，当强制货币流通成为祭司获取私利的手段并把银行家逐出神庙的时候，耶稣并未看到人间存在任何温情与仁心善举。宗教领袖既不认同欺诈，也对愚昧无知的个人私利不屑一顾，从未想过它们能作为人类赖以生存和持续发展的基础。

亚当·斯密关于道德哲学的论著《道德情操论》（The Theory of Moral Sentiments）最后一版著于 1790 年，在那一年他与世长辞。在这本论著里，亚当·斯密大幅修订了最后一部分来阐述作为道德情操基础的不同理论。亚当·斯密并不认同个人私利和前人希腊哲学家提出的理念，他认为只有慈善能够作为支撑整个社会的道德基础。从最近的经济研究和日渐被认同的普世理论"要行善而不是避免作恶"中，我们学到了同样的原理。

所有的人类共处一个天空下，共享一个世界。只有通过实际行动构建福利生产与生产力，最终我们才能最大化利用世界有限的资源来维持人类生存。所以，当我们追求这种持续与永恒时应当摒弃自我利益的元素。

与被社会利益所感化的个人利益相比，欺诈就是纯粹目光短浅的一己私利的最终表现。就像伴随着欺诈行为很难实施金融稳定性理论一样，也不能够通过最大化个人利益的方法优化所有人的状况。在风险被适当调整的情况下，通过保持利率均衡，为杠杆的最高效利用提供了公平的最大提升，作为持续金融稳定之源的无风险套利自然而然地促进和支持了生产力变革。

在持续稳定的情况下，财富增长更有可能自行调整，对生产力低下的投资造成不可避免的损失。因此，亚当·斯密关于道德哲学的著述是金融稳定理论的另一项佐证。当一个人认同善举的哲学基础时，另一个人则会主张运用经济"看不见的手"作为引导以实现财富生产力最大化的目标。

第四篇

未　来

第二十章

避免重蹈覆辙，完成智慧之举

地球这颗行星至少有 40 亿岁了，最初的人类可能出现于 400 万年前。大约 40000 年前，气候变化强烈影响了冰川，迫使解剖学上的现代人类走出非洲东南这一孕育他们的摇篮，向世界的其余地方进行迁移。我们在 4000 年以前就已对欺诈进行定义并开始对其展开讨论。距离人们对皇家统治不满，开始进行英国现今的君主立宪制的变革已过去 400 年。美国很快迎来它的第 240 个生日——一个从多历史角度看非常年轻的国家，但却是世界上最年长的真正民主共和国。

美国追求稳定金融市场的切实可行的法律基础实践，仅仅存在了 40 年。美国模式希望取代皇帝、国王、牧师以及其他独裁者通过控制货币（和因此所有需要并且使用它的人）带来的银行垄断。在那稍纵即逝的短短 40 年里，美国和世界经济解决了贸易以及极度的人口失衡。

任何对过去 200 年经济和人类寿命数据的合理观测，无不昭示着人类朝着健康富裕迈向了世界历史上前所未有的一大步。让世界更健康、更富裕的成功变革大多数仅发生在过去的 40 年内。人们还心存希冀，世界能共同努力让给全球带来灾难的"一战"和"二战"成为所有战争的终结点。

我们不禁思考，与"二战"结束时期世界大部分毁灭殆尽相比，现在多少人在舒适惬意地生活？胜利者在"二战"后对以前敌人施以援手，这与之前历史上每一次重大战争后的睚眦必报形成鲜明对比，这一对比让人们感到震惊，而在这一震惊中，也揭开了人类迈向自由、远离战争饥饿进程的序幕。截至 1973 年，这些美国之前的敌人已经能够生产出更优质的产品，并用它们摧毁了美国的制造业。而在"二战"时美国曾拥有可以战胜"二战"发起国的独裁者们的制造业。

一些人可能仍在为乔治·马歇尔是否应该说服美国和其同盟国赦免战前债务、放弃赔款、援助敌人而争论不休。人们对马歇尔和其他人慷慨的行为觉得非常愚蠢，甚至认为狂妄傲慢至极。1790 年，亚当·斯密理智地严斥了用其他道德理论来支持慈善论的观点。这是指引马歇尔计划并使其发挥出远超人们最大期望功效的不二法宝。它加速提升了所有人的总财富值。

有些人可能会议论，美国已经进行了 40 年系统性的努力，通过无管制自由市场来实现货币控制的民主化，这之前从未有人这样做过。如今，这些努力全部失败，这失败一部分应当归咎于适当引导社会福利的尝试。但是，这为我们提供了一个契机，从所犯的错误中吸取教训并不断尝试，而不是放弃或者重蹈覆辙。

为进行欺诈而伪装出的贪婪从来不是什么好事，并且这种贪婪会促使流氓们不断去伤害别的需要救助的人，由此而产生欺诈风险。这些错误让我们无法放松警惕。

理论上讲经济上必要的债务是有益的，债务只是世界各国的内部事务，债务代表的只是一些人对另一些人的信任罢了。正如我们之前所讲，在弗兰克·卡普拉的电影《美好人生》中所描绘的存款者形象也是对信用基础之上人际互动的一种暗喻。

与公平相结合的债务能够衍生资本产品，资本产品又转而提升生产力，就最激进的劳动经济学家也认同生产力最大化是真实工资最主要的长期决定性因素。失衡的生产力追求会导致对需求的减少。

本书主要讲述了 2006 年隐藏在国际失衡下的神秘杠杆令全世界卷入了债务和支持投资的股东权益之间 67 万亿美元的大黑洞中。这个令人可怕的错误很有可能就能使所有已创造的财富付之一炬。这是审计披露和无孔不入的腐败的错误，而非正当披露的债务之过。

失去的财富不会自己飞去火星。一些人从其他人处取得，然后把这些资本藏起来而不用于资本性用途。现在来看，在非理性繁荣中，虽然发生了很多欺诈交易，但更多的交易是合法的。

2006 年，会计师告诉世界还有比现有水平高出的 67 万亿美元用于投资股票和其他股东权益。这个数字差距由累计 67 万亿美元的非会计负债——创造表外负债的影子银行构成。当泡沫破裂，这些未披露的 67 万亿美元的负债成为对股东权益的巨大冲击——冲销掉全世界 2/3 的股东权益价值。当这个现实被披露出来，恐慌自然接踵而至。

那时，人们又一次处在从债务缩水直至彻底破产的道路上。这个过程已在 1933 年被欧文·费雪所阐释。当一小部分中央银行家知道该做什么来修补这个问题时，这条道路的轨迹才得以改变。在一年多的时间里，许多美国及世界领导人拒绝接受伯南克和库恩在 2007 年 9 月中旬所提出的观点。结果，我们掉入了一个深不可测的金融黑洞，世界经济几乎从内部自我崩溃。

6 年多之后，通过增加股东权益与国有化、货币化的结合，世界在 67 万亿美元的黑洞上架起了一座中央银行之桥。在这座桥能够被安全地移除之前，世界必须修复金融市场出错的部分。这就是中央银行发行的货币化基金能够顺利地转换为私人因素，作为增加的股东权益和披露债务来填补黑洞的原因。

我们需要加速这项进程。在这场危机以前，整个世界的资本商品价值大约是 200 万亿美元。如果关于世界资本需求的预测完全不靠谱，我们可能需要 200 万亿~400 万亿美元的负债和股东权益结余来支持以后可能用于资本商品的投资，才能够应对接下来 40 年里我们需要克服的挑战。

唯一的障碍就是信用。今天美国的低信用利差要归功于美联储得力的政策，不得不说自美联储成立后的几十年来其政策效果之一就是低利差。美联储主席威廉姆·麦克切斯尼·马丁（1951~1970）因将美联储称为下列角色"仅仅是当宴会开始时举起大酒杯"而著称。但是中央银行主席伯南克和联邦公开市场委员会的同事提示：在危机时理智放贷，从而防止美国和世界陷入类似 20 世纪 30 年代那样的债务萎缩再次发生。

通过本书中的图表，比较 2011 年美国众议院少数人造成了无政府状态并对美国在一家评级机构的 AAA 级信用评级造成影响，近 4 万亿美元的大崩溃，2013 年当同样事件发生后，本应使美国债务重蹈当年错误，却只造成不到 30 亿美元的小幅下跌。伯南克的继任者、美联储主席珍妮特·耶伦，她不用再决定需要做什么，而只是在难易程度上进行抉择。她肯定要在这方面接受实践的考验。

美国解决了自古以来的金融稳定之谜，却未能实施维持金融稳定所需的改革。所需要的只是在无欺诈的交易过程中保证透明度和自由性。专家经过 2000 年的时间来证明这个真理，但是独裁者、神父和垄断家以及人类愚蠢与懒惰的天性却阻碍了其实施。最终，我们面临了现代史上最严重的金融危机。

从上述现实，我们也许终于理解了如何永久地调节历史上带来危机、导致饥饿与战争的这种不失衡，在它们引发新危机之前通过顺周期来振兴均衡市场，在面临日益减少的化石能源与气候变化污染的情况下赋予世界产生资本来维系人类生存。

一切问题在于执行。

汉语是一门既古老又现代的语言。对于那些认为汉字实际上对于英语是一种威胁的人，专家提出质疑，认为它们也意味着机会。在美国，当欺诈被揭露在光天化日之下，甚至在他们的"两面三刀"已经被确凿无疑地揭露出来，害怕起诉的人们依旧义愤填膺地否认自己的欺诈罪行。这个问题是一门语言的问题。

欺诈，若非故意就是无辜。在一场危机中，这一点差别无关紧要，因为在发生危机之前任何交易的取消对受害方来说都是一种补救措施，在这两种情况下交易都可以取消。如果欺诈者有偿付能力，危机为受害者创造了一次赎回损失而无须证明意图的机会。

若没有危机，犯下欺诈罪行的人们会否认自己的罪过，因为在这种情况下只有故意欺诈被认定为有效的。只有广为人知的欺诈活动才能在除了衰退外对个人产生更大的影响。

在上升市场里，取消交易是一种无效的措施。一个欺诈受害者很少希望挽回一个价值缩水的资产。所以，那些最早学到愚蠢错误的人却发现欺诈可以创造机遇。

诈骗反过来又能造成危机。这就是为何政府必须在经济运行良好时需要利用透明度来管制诈骗行为。政府必须大力推行这些措施——因为限制欺诈能够支持保护金融稳定的自由市场交易。在经济平稳运行的时期，私人缺少拯救欺诈的措施，因此产生了顺周期行为，无视政府的有力管制加剧了危机的严重性。

被个人利益牵着鼻子走但是缺乏仁爱之心的精明投资者最具危险性，因为他们不可避免地助长了导致大多数诈骗的愚蠢，一种远比罪恶对社会更具有威胁性的东西。罪恶能被逻辑所揭示，和罪恶做斗争被认为（并被广泛支持）是政府的一项必要角色。然而愚蠢，是不合逻辑的，因此它很难被揭示。

想要获得战胜短见的支持远比战胜罪恶要更加困难。几乎无人意识到与愚行做斗争的需要，因为从犯罪者的角度而言，个人利益的驱动对他们达成自己的目的来说简直有如神助。愚行与短见被视作是助长个人利益的推动力，所以它怎么能不是不利之物？

也许最糟糕的是，比其他人领悟愚行的人更容易受到欺诈。1907 年以前，约翰·皮尔庞特·摩根清楚地知道在各家金融机构子公司里盛行的滥用创造杠杆、以净额基准（在 20 世纪 30 年代子公司被要求合并以前）评估副产品的价值属于一种欺诈行为。在一个多世纪以前，这种欺诈性行为表现于在资金不足的信托公司设立隐藏杠杆，并在危机中显现出来。

那些为了避免道德风险的愚人最初创造了在公司中隐藏杠杆的做法，他们从经理人的个人利益出发，为了在经济运行良好的时代，从由隐藏杠杆加速的子公司股权价值增长过程中获益。当事态急转直下，他们的隐藏杠杆使事态变得"极为恐怖"。

作为一个头脑聪慧的人，摩根肯定明白什么时候杠杆金字塔会轰然倒塌，欺诈行为越大，危机规模就越大，当其他人失去权利时能够创造新杠杆的人的机会就越大。1907 年，债权人争先恐后地寻求退出杠杆的机会，接受任何他们能被给予的价格。这让摩根的朋友几乎买到了所有隐藏杠杆——因为只有他可以接触到别人在别处都无法获得的新杠杆。

同样地，摩根紧随着 1907 年的经历，在 1913 年帮助美国建立了联邦储备系统，作为提供最后保护的替代放贷者。甚至摩根财团都无法继续扮演这个角色。这样当下一场危机再发生的时候，他无须向他的朋友寻求资金帮助，因为要想继续"耍我两次"这个策略恐怕有些困难。在下一次机会到来之前，他的朋友很可能知道他们当初是如何帮助摩根在 1907 年危机中通过融资而获益颇丰的。

不幸的是，摩根看起来有点贪得无厌，没准他加速了一场危机的到来，这造成了美国史上最后的经济愚行——大萧条。他帮助构建了不能为自由储户支付利息的美联储。雪上加霜的是，布兰代斯大法官肯定知道摩根和其他贷款人运用隐秘的普通法权利来保护他们最后保护者贷款的果实，把大批不明真相、毫无戒心的存款人和无担保债权人逼入死角。

结果，当下一场危机在 1929 年席卷而至时，事与愿违，摩根当年的愚行遭到了报应。他一手扶持的替代最后保险人的美联储，由于缺乏支付利息的能力而不能接管 1907 年摩根的角色，以及全部买进所需要购买的无担保自由储备基金。另外，美联储和摩根都是主要货币中心银行的预定受益人，他们不能要求在公司内部未对危机做好准备的债权人（或借款人）进行抵押物秘密转移。

摩根创立了被束缚的美联储，由此美国最高法院堂而皇之地在担保借贷方面要求透明度，使得摩根的银行和其他人无法从白芝浩原则获得利益——一种能从危机中获得巨额利润的能力。美国被迫走上大萧条的信贷萎缩之路，后来为了脱身转而走向"二战"道路。事实上，复苏期犯下的错误为近期的危机埋下了导火索。

美国花了 60 多年的时间进行州立及联邦法律改革，使得保证担保有足够透明度，以期战胜摩根"确凿归咎于诈骗"的霸权。因此，美国现在对会计师们采取了强制公平的金融报表透明准则，排除表外负债和影子银行诈骗。

最终，由图表 9.1、图表 9.2 和图表 9.3 可知，当信用利差处于完全市场范围内，即其位于图表的底部位置时，美国改革终于可以告一段落。世界将共享美国市场和世界范围内的资源，并在此基础上建立支持信贷调节、财富积累和人类可持续生存标准的世界经济体系，保持这种均衡。

因此，实现金融稳定性理论的条件既触手可及，又十分必要。

第二十一章
资本需求

世界正面临着各种各样的资源逐渐减少的困境，从氧气到消耗氧气的能源都在减少。当列出人类历史上所有愚蠢的浪费行为，那么对于我们来说，想要预见人类的未来就变得非常困难了。无论是用不断增加的生产力来衡量效率，还是用减少对于环境的负面影响的程度来衡量效率，都需要投入资本。

在全球气候变暖已经影响地球承载力的情况下降低世界范围内的气温需要多大的投资？这是一个无法计算的问题，当然我们同样也无法想象一个不再有能力承载生命的地球是什么样子的。正如各国中央银行行长宣称要不惜一切代价解决 2007~2009 年的危机，我们也应尽最大的努力保证生存下去。

我们可能并不喜欢在战胜这个困难过程中的某些特殊方面，但是我们必须战胜这些难题。因此，读者可以把这里提供的估计数值换成任何他们想要的数值。

下面我们假设，在未来的 40 年左右要解决这个危及人类生存的问题需要 4 万亿美元的资本投入。如果 2006 年世界范围内的资本投入是 200 万亿美元，那么此后的危机和私人板块债务收缩（主要来源于中央银行扩大的公共部门债务和股票市值上涨）则表明在过去 7 年里，我们在资本投入方面基本上没有任何进步。

据报道，最近世界总财富的数量达到 240 万亿美元，其中美国占有

110万亿美元。在债务和股权价值上每年7.75%的增长率足以使得财富在未来40年间达到将近20倍的资本投入增长。然而，如果债券是稳定的，那么股权所需的增长率要达到每年15%。反之亦然，当股权未增长时也是一样。如果之后存在任何危机，危机的程度越严重，那么就需要越高的增长率。例如，在股权价值上50%的减少需要未来100%的增加，才能重新回到危机前的水平。

正如荷兰人开始填海造田、构筑堤坝时所学到的道理，在这种情况下，资本增长需要稳定性，而稳定性需要信心。荷兰人因其种在田野上的郁金香而引领制造了最早的投机风潮。虽然之后他们走出了那场危机，但这带给我们的启示是：只有解决金融稳定问题，才有可能使世界增长持续进行。

第二十二章

资本来源

正如我们在第十八章所讨论的，从数学上讲，资本投入等于储蓄（债权与股权的关系与上述一致）。只要增长是持续的，没有受到未来危机的毁灭，那么不断增长的债权和股权一般而言会促进资本投入的增加。

为了达到每年 8% 的资本增长，必须要消除对于危机的恐惧，只要我们战胜了恐惧，那么人类获得资本增加的能力是无限的，这只是简单地和信任与效率有关。

公开披露信息这样一种透明方式使得信任成为可能。排除危机的风险，保护免于欺诈的行为使得信任的持续成为可能。自由交换把信任和可以增长资本的资源连接到了一起。

各种形式的资本增加都是通过把对于资本的需求和人们对他人所拥有的信任结合到一起，和谐、繁荣和生命力所结出的果实反过来也会促进和谐、繁荣和生命力进一步提高。正如复利公式所显示的，越多的和谐和繁荣也会使生活越发富足。生活越是富足，和谐和繁荣的可能性也就越大。越是繁荣，生命力就会越强，和谐的可能性也就越大。它们都是与指数相关的，并且也都以善举的形式积累起来的。

因此，金银准则实际是金融稳定的内在准则。现在经济环境强制要求货币交易者保持透明度，是防止欺诈以及随之而来危机的一种机制。

寺庙的大祭司由于在罗马人的监管下害怕失去既得利益，而终于在

40 年之后将寺庙控制权拱手让给罗马人。

　　金融稳定性是保持和谐、繁荣和生命力所需要素的重要途径。如果不能获得金融稳定性，那么在未来 40 年间将很可能是一切都结束了。

第二十三章
达到平衡状态

金融的世界是地球资金资源的总和，并且像在地球内部流动的水一样，可以被测量和观察。

在一个水气球里面，每一份对于气球的推力都会在气球表面的某个地方，产生一个同等大小的反作用力。当没有出现反作用力，或者出现得不均衡时，我们就需要深入地挖掘其原因。

纵观世界历史，在每一次金融危机之前，投资者（通过无知或欺骗）居然相信这么大规模的新生流动性居然会引起不良影响（或者非理性繁荣会产生不确定性影响）。在 2007~2009 年金融危机发生之前，具有专业金融知识的人们，例如，艾伦·格林斯潘在世界泡沫通过欺诈性的表外负债和影子银行增长到 67 万亿美元的过程中仍旧洋洋自得，直到该泡沫破灭并可能在未来一段时间内产生限制必然增长的不良后果。

我们可以推测，在任何一个时期，当利差保持在接近或者低于完整市场区间范围内均衡水平上时，都需要等待进一步的检验（见图表 9.1、图表 9.2、图表 9.3）。当无法合理解释某一现象时，例如，在机会均等的状态下，没有得到政府赞助的企业可以通过无风险的金融证券套利来获得均衡，我们可以推测，某种系统性欺诈的存在是隐藏在内部或触发新的危机。

若我们追踪每日政策变动和市场日常信用利差的变化之间的关系，就可依照这种变动来对应至现实政策效果中，并通过修正政策的不足之处避免危机的发生。

要想成功地管理具有金融流动性的水气球可以通过同样的途径，也就是统计分析结果，对生产型企业进行每日的矫正。它排除了维持必要的金融稳定性所需的调整。

在 2005 年创造出的利用信用利差来反映经济情况好坏的方法，使市场债券所有者或远离或靠近风险。然而，只有当 2008 年投资者几乎对美国的风险已经放弃的时候，我们的领导者才最终意识到同情心和听从没有那么愚蠢的头脑（其中比较著名的就是伯南克和库恩）意见的重要性。

另外，美国在 2008 年的经验也证明了，改变政策轨迹永远都不算太晚。复利规则意味着，延迟是具有成本的，终结愚蠢才是通往复苏的开始。

2008 年，美国选民放弃了之前那群使财富以每年 4 万亿美元扩张的领导人们，转而支持那群使财富以每年 17 万亿美元萎缩消失的领导集团。最终，即使是那些损害世界经济健康发展的老顽固也改变了他们的方向。然而，在他们改变轨迹的时候，21 万亿美元中损失了 14 万亿美元，而且潜在地形成世界范围内 67 万亿美元损失的路径。造成其余损失的风险因素已经无法改变。

这一次，把那些民主投票的领导人脑袋中的榆木疙瘩敲出来耗费了巨大的成本。但是历史几乎从不给那些期望改进的人安慰。在《愚蠢者的行进：从特洛伊到越南》一书中，作者芭芭拉·塔奇曼提到，在漫长的历史中，惰性远远多于改变。

对于 2008 年金融危机产生的恐惧（或者是所提出的改革，例如风险的滞留，只会产生同样病症的新形式），将继续抑制美国和全世界经济的增长。然而，在历史上，在经历过系统性债务收缩的通货紧缩时期之后，增长率不可能全面迅速恢复。荷兰的郁金香疯狂并没有直接影响银行系统，但还是花费了 7 年的时间进行债务豁免，重新获得实质性的经济增长，也就是被影响的团体又重新回到私人板块的风险投资。

目前，根据美国宪法的条款，美国的状况很大程度上取决于国会。我们需要豁免贷款，以及重组文件，但这些事件只有国会可以做到。我们需要新的基础设施建设、改善医疗、所得税政策和金融体系的改革，尤其是要促进移民政策的改革以及人权的进步，这些的取得都需要负责任地对于非生产性的投机进行长期限制（对于创造的收益高于成本的生产性的借贷并不应该存在限制）。

所有的这些都归属于美国宪法所赋予国会的专属立法权。与 17 世纪荷兰不同的是，我们的宪法并不允许国王颁布债务豁免法令。在美国，债务豁免只能通过国会采取改变，修改破产法才能实现。

通过适当的管理，世界资本维持的水气球并没有规模的限制。因此，我们能实现人类所需的生产性投资的需要。然而，假定适当的管理使我们有能力战胜恶魔和愚蠢且获得金融稳定性之路是明确的，我们人类真的能够走上那条路吗？

第二十四章

寻找平衡

在2008年的世界末日之后，美国的金融资产市场比全世界的其他金融市场更快地浴火重生。正如图表9.1、图表9.2、图表9.3展示的那样，2013年伊始，金融资产的交易利差已经接近甚至完全低于市场区域，正如每幅图底部展示给我们的那样。

在这个利差范围内进行交易说明了金融市场已经达到了均衡状态，这种均衡就是亚当·斯密在1776年曾设想过的均衡。结果与美国资本市场的反应同在表9.1中表现的完全市场（最顶行）所预测的完全一致。完整的市场条件意味着，在能够使市场发挥正常功能——通常能为私人部门的资本和财富增长创造理想条件的基础上，斯密的"流通成本"一直维持在最小成本。

在这样的条件下，泡沫很可能会滋生人们对新风险产生的恐惧。因此，泡沫对金融稳定理论来说是一个长期的挑战。当信用利差上升到均衡利差之上时，最明显的一个后果即是经济增长的能力将会被削弱。随着信用利差增长得越来越快和越来越强劲，还有可能出现金融危机。通过2005~2014年观测，我们仅可得知，美国现在已有足够的经验制定政策，这些政策往往会对市场有利或者对市场不利，从而能够有效处理由高的或者一直上升的风险利差所造成未来危机的恐惧。

因此，最后一个值得我们思考的问题是：就金融方面而言，这个世界是否能够维持均衡并且不会产生金融危机？

想要得到肯定的回答，就要致力于不断改善过去一直晦暗不明的状态。另外，还需要明白在均衡点，金融市场价值在数学上是如何加以改变的，数学是如何驱使金融市场价值改变的。第一部分是道德、法律和社会层面的问题。第二部分对那些将数学视为最终不变的科学确定性的投资者们来说，将会是一个知识层面上的挑战。

因此，对金融稳定性进行解释最难部分是：展现当危机使均衡变得不稳定时能使世界重新恢复均衡的同一数学规律；使投资者们相信这没有什么大不了的。

在均衡点，想要维持金融的稳定就必须保持不稳定的数学均衡。这也是我们必须结束"大而不倒"的机构和追求消除欺诈的原因。小病不医成大患，我们必须在泡沫很小的时候就戳破它（如果知道它将来还会继续膨胀），还要采取一些措施保证泡沫不会因为过大而自行破裂。这就是保证长期金融市场稳定的过程。

在即将讨论明显的矛盾之前，让我们先以一首英国童谣和一个故事作为开端。

噢，那个约克大公爵

他有一万个士兵

他指挥他们从山脚游行至山顶

然后再让他们从山顶游行下来

当他们在上面时，他们在向上爬

当他们在下面时，他们在向下走

当他们只在半山腰时

他们既不在上面也不在下面

（"约克大公爵"传统童谣）

作为数学博士的汤姆·萨维奇在统领 AIG 金融产品部之前创建了一家纽约投资银行公司，并在那里一直工作至 2001 年。在 20 世纪 80 年代早期，他为分离的抵押担保债券创立了数学基金会。但是他的工作依然显示出，尽管精确地将现金流和预付款引入了担保抵押债券，但是其产品仍然会面临很大的不确定性。

当他为第一份分离的抵押担保债券起草招股说明书时，遇到的一个问题就是无法计算出权益档的股东的回报率。有时，持有这个级别 CMO 的投资者除了初始的投资外，还会被要求缴付税费，与此同时，收到（不总是这样）和未来付款相抵消的回报。因此，在他整个 30 年中，他们在不同的时间投资和获得回报。

即使招股说明书的作者在每一次的计算时都输入了相同的数据，但是得出的回报率结果还是各有不同的。

当招股说明书的作者去询问萨维奇时，得到的答案让作者本人目瞪口呆："你计算的所有结果都是正确的。"萨维奇解释道，无论何时，当一个投资不止一次地从流入转变为流出时，投资回报率的解就不是唯一的。

萨维奇举了一个拥有着多种投资者的杠杆租赁的例子。银行将它作为一项能够提供 30%回报率的投资出售。一个失望的买者告诉我们这项投资只能够提供 6%的到期收益率，使用的是银行陈述的假设条件，他向银行要求撤销欺诈（撤销合约不需要有银行欺诈意图的表现，在事后各种材料中只需要人们误传的消息）。数学家证明了两种答案都准确。

现在，让我们再次回顾刚才那一首童谣。大公爵的士兵知道什么是上，什么是下，但是当他们在半山腰时，他们既不上也不下。

所以这和金融稳定是类似的。在复利法则下，利差上升对我们来说是个坏消息，利差下降对我们来说是个好消息。但是当信用利差在接近最小可持续水平的均衡点时，在个人可感知度上，利差既不上升也不下降是最好的状态。

在这样的条件下，投资者们不断地投入资金或者撤回投资。当他们不止一次地同时这样做时，可以肯定地说，当资金只是投资或者收回的时候，同样的数学定律可以给出一个确定的回报率，而恰恰是因为这个数学规律，投资会被终止。

利差变得狭窄，就会激励投资经纪人不断地去创造更多的交易。对于投资者而言，每一次新交易都会带来一个遭受损失的风险，因为投资者的回报预期往往在最后会被事实证明是被夸大的。因此，几乎很少有低信用利差能够持续一段时间。

在数学规律下，这是无须证明的。物理科学也告诉我们，稳定的状态并不是常态。如果既然已知道了稳定不是静止的，那我们应该如何维持金融的稳定呢？

第一个稳定器是多元化；第二个稳定器是意识到不稳定和欺诈是相互联系的。因此，合适的时机，一定要创造一个可以克服欺诈的日益强大的承诺。在利差水平很低时，会有越来越多的投资创造出日益变化的风险。这就意味着，会有越来越多的欺诈被承诺，因为越来越多的投资要求多样化的现金流入和创造多样化的现金支持。这导致了使用两种度量衡的投资的增长，"使用两种度量衡"这种基本的口是心非的方式在4000年来一直被定义为欺诈。

在这个杠杆租赁的案例中，避免欺诈的方式就是揭示这个投资回报率既可以是6%也可以是30%，其关键是取决于购买者的视角。比广而告之30%的收益更困难的是出售这样的产品，只有当投资者们发现撤销合同可给他们带来利润时，该类产品才会被销售出去。

通常，在利差非常低的时候，"大而不倒"就会发生作用。当欺诈增加时，经纪人就会要求政府保证收益，而这正是投资者撤销投资的基础。

因此，数学导致了欺诈数量的上升，还给作为政策制定者的政府增加了使金融市场均衡的压力。所以，通过消除"大而不倒"和最大化避免欺诈的压力可以使世界得以维持金融市场的稳定。

如此一来便是在膨胀和小泡沫爆破之间的平衡，不会产生系统性风险的平衡，而不是允许巨大危机产生的泡沫。这就是2000~2001年泡沫和2007~2009年危机的区别。当互联网泡沫破裂时，投资者遭受了很大的损失，但是在20世纪30年代债券萎缩时，并没有出现系统性风险。因此需要全国性的货币化来重新启动金融系统。

"大而不倒"的根源是对有政府保障负债实体的连锁欺骗（银行、经纪人、养老基金仅举这些个例子）。由于负债有了担保，在正常时期，政府通过向投资者保证如果能为担保支出一定费用的话，在危机发生的时候就可以获得利息。然而，这个过程很容易被扭曲。

政治家们很快就发现在20世纪80年代早期高风险储贷机构（S&Ls）投资的资金和政府支出创造的新就业机会一样多，而且和政府支出不一样的是这无须预算成本。简而言之，人为夸大的高风险储贷机构投资很快成为了由美国政府发起的资产负债表的庞氏骗局的起因。当被保险的存款到期和饱受猜疑的高风险储贷机构破产时，这场庞氏骗局终于在1988~1989年引发了一场政治危机。

20世纪90年代晚期和21世纪早期，这个故事又上演了一遍，金融机构使用了欺诈性的结构性投资工具，还有在联邦储蓄保险公司的允许下出售了金融资产，实际上它们并没有真实地出售出去。结构性投资工具和金融资产的出售都创造了大量资产负债表中的负债，这些负债是由美国政府担保的。这个隐藏的附加杠杆在短时间内刺激了经济的增长，与此同时，也将不稳定因素嵌入了金融系统。大萧条时期，更多的未保险的机构（例如AIGFP）和参保实体在财务方面交织在一起，花旗集团就是其中一员，由于存在着大量依靠他们偿付能力的保险和担保权益，导致系统瘫痪，风险应运而生。

当意识到一个机构的债务实际上是被另外一个同样支持"结构性投资工具的意外损失是管理者债务"这种理论的机构管理时，就会停止使用这种欺骗性的结构性投资工具。在当会计和法律行业在全世界范围内统一使用非常高标准的真实售卖准则时（该准则在1997年被美国财务会计准则委员会采纳并在2001年被美国存款保险公司所接受），欺骗性的销售也会停止。本书的附录收录了审计员用以监控发生一个真实销售所必须解决的六个条件（在企业范围内适用）和证明该交易符合标准的法律意见书。

因此，持续的金融稳定是可以获得的。但是，如果没有实现全球范围内的金融专业人士、投资者的合作以及规则的协调，这个过程可能就只是纸上谈兵。只有当这三个选民都做了正确的事情，我们才有可能一同亲身经历长期金融稳定的环境。

真相和影响

本书是从欺诈的定义开篇，欺诈，即使用了两种度量衡（这种做法在《申论记》25：13–19 中被取缔）。如果意识到普遍采用本书附录中所列举的标准（强制曝光欺诈），金融市场的稳定性就能得以延续。

所有金融危机的根本原因是由于欺诈和事实的相互碰撞。欺诈能够隐藏杠杆。隐藏杠杆的方式多种多样，无论是通过误传、盗窃，还是操纵（包括腐败和垄断）都可以达到目的。而事实会将杠杆暴露于阳光之下，而且债权优先于股权。因此，当事实和欺诈发生碰撞时，首当其冲的是股权价值——金融危机的原因往往是由于隐性负债的暴露。

本·伯南克的解释是，2008 年的金融危机是由隐藏的国际失调交易造成的，通过不可否认的逻辑和世界货币政策的制定者于 2007 年 9 月在柏林达成的共识进行推测，他发现股权的价值暴露于 67 万亿美元的隐藏失调交易中。那失调交易的债务已经通过债券的第二度量衡（资产负债表中的负债）隐藏到投资者的视线之外。律师、审计员、监察员、立法者、商业领导和政府官员，还有投资者，都多多少少相信他们可以忽略此次欺诈。现在，同样的，政府官员认为资本是危机的罪魁祸首，而并非欺诈。

事后事实逐渐明晰，我们得知当时的投资者们被欺骗了。不管有没有被报道，所有的债务都是某些人的义务；为了使世界经济能够正常地发挥它的功能，债权必须优先于股权。因此，为了防止危机的发生，所有的债务都必须暴露于阳光之下。真正的问题不在于资本不充足，而在于信息不充分。

回首过去的 6 年甚至更久，迷惑者迷迷糊糊掉入了一个 67 亿美元的债务收缩陷阱，而政府不得不去填补这样一个大坑。美国最伟大的经济学家欧文·费雪在 1933 年已证明这样一个陷阱是任何人都想不到的。

只有因为金融系统苟延残喘，或者当人文主义被环境吞噬人类再次回到石器时代时（一定程度上，也包含了避免人类灭绝），投资者才会得到营救。在 1933 年之后，我们知道如何解决债务通缩收缩的问题和衰退的问题。伯南克是世界经济的指挥者，他指挥世界从 2008 年的末日中复活。

因此，我们可以相信，只要大家一起行动起来就可以解决任何金融危机。但是，我们做不到的，就是消除曝光真相的后果。我们可以给市场提供流动性，以及可以吸收一些可以作为公开债务融资的未公开的义务，除此之外，我们可以减免那些永远不可收回的债务。

然而，即使减免了债务，也未必能结束所得税负债。隐藏债务的曝光（通过盗窃、欺诈或者单纯的糊涂造成的）创造了在某种程度上没有偿还的收入。未回收的负债使义务人背上了债务负担。当某个商业欺诈被曝光时，偿付和税收减少了流动性和盈利。当公共腐败被曝光时，民选官员会被收监，而独裁者一般会选择逃跑或者死亡。

如果是无辜的损失或者是特别的苦难，破产可以抵消税收负债，但是没有哪一个自由人民的国家可以长期忍受其他程序税收减免。这样做只会激励欺诈行为，并使诚实的纳税人背上重负。因此，在一个民主的国家，税收减免的程序将减免那些被无端地错误隐藏起来的税收，这是十分罕见的。2008~2010 年，美国为解决危机采取了税收刺激计划措施，该措施允许收入延迟和长期债务减免。这项措施被滥用并且很快步入尾声。但是，如果可以解决滥用问题，程序也能够得以恢复的话，那还是一项有效的措施，但是实际上该措施只是延缓了税收。

最近在乌克兰发生的事件证明了一个古老的问题，那就是当腐败政权与自由经济学（以欧元为代表）发生冲突时，腐败政权就走到了尽头。乌克兰的总统败北而逃，俄罗斯有可能会成为他的庇护所，因为俄罗斯的领导者相信要完全地接纳自由是一件非常困难的事，他们大抵会对乌克兰总统表示同情和理解。所以，即便他们知道要反对自由市场是一件非常困难的事，但是他们还是这样做了。他们知道由于对乌克兰采取的行动，投资者已经从俄罗斯的债券市场和股票市场中逃离。

至今，美国的市场已经告诉我们俄罗斯的困难给它带来的一些伤害（也有可能从中受益）。图表9.1、图表9.2和图表9.3向我们展示了在2014年3月、4月和5月，美国非常低而且稳定的信用利差水平，与此同时，俄罗斯的信用利差水平却是戏剧性地上涨至非常高的水平。之所以会出现这样的问题，是因为俄罗斯绑架了乌克兰的自由经济。

美国在1979~1981年伊朗事件的经验对西欧来说有教育性的意义。就像伊朗占领了美国的大使馆和劫持了雇员，俄罗斯给欧洲的和平与繁荣带来了即时和显著的威胁。美国在德黑兰的大使馆被抢占的一个月内，卡特政府采纳了冻结伊朗在美国相关机构资金资产的决议案。该项措施既保全了颜面，也阻止了伊朗的宗教独裁者向卡特总统提出其他无理要求。但是，在里根被当选和上台之后，这些马上又被重新改变。

在巴塞尔的塔上，亚当·里伯宣称，允许纳粹德国的中央银行参加国际清算银行，实际是对希特勒金融扩张与屠杀的一种批判。如果BIS和ECB在俄罗斯的行为上构建适当的金融约束，俄罗斯可能最终也只能乖乖遵守规则。必须采取措施，防止自大成为明智的阻碍，即使像俄罗斯这样的国家也需要贸易资金流入的支持。而西方政府正控制着资金的流入。历史总是有着惊人的相似之处，自从富格银行为哈布斯堡帝国提供资金之后，通过控制资本来影响政治这一事也成为惯例了。

通过对比，无偿纳税延期的更大问题是在2014年忽视了美国的市场。关于主要诉讼的新闻提出了以下问题：如果在2007年，世界有67万亿美元的国际失调交易，那么有多少收入是由于交易财富的积累而产生，而后在假的资产负债表中的负债方秘密地转变成为避税权益的呢？

美国破产公司对其税务顾问发起了诉讼。它揭露了本书附录中所使用的金融资产销售标准，同时也是美国证券交易委员会和国内税务局的法定检测方法。因此，该破产公司认为，纳税义务被账户转移到境外实体延迟了。事后，才知道真正的原因是当时发生了不完整的销售（担保债务的交易）。这迫使重新阐述债务人收入并记录无法偿还所得税负债。

顾问可能不会为客户的破产承担责任（毕竟，顾问的意见只有递延现实——它不会改变美国税收政策或者客户应该负责的证券法）。医生经常犯错误，但并不是所有的错误都是渎职。

问题是，相当一部分数量的公司已经构建了他们的税务计划，他们无视在附录中列举的销售标准。67 万亿美元的交易失衡可能会导致 10 万亿美元或者更多的未公开的税收负债。之后，我们开始思考为什么在 2014 年 1 月该诉讼被广泛传播后，美国的权益市场开始走下坡路。

那面对这次新的事实和欺诈的碰撞，我们该如何做以避免危机呢？

征税而不考虑后果就是步《凡尔赛条约》的坏逻辑的后尘，在第一次世界大战之后《凡尔赛条约》导致了大萧条和第二次世界大战。消除税收义务不公平却将政府的负担从说谎者身上转移到了诚实的纳税人身上。

解决的办法就是将认识、延期和负责任相结合，给世界经济注入流动性，以此来弥补错误的政策以及执行。

这就是关于金融稳定性的理论。作为投资者，已经意识到了自由市场有能力来解决这样的问题，美国的信用利差已经收缩，权益市场也已经恢复。

六项法律隔离要求

销售处理中的六项合法隔离要求

（不符合下表中六项测试的金融资产的转移应当作为一笔具有担保品的担保借贷上报，否则被视为欺诈）

"法律隔离"是指：即使是在破产和清算的情况下也不影响转让方及其债权人。

附表1 销售处理中的六项合法隔离要求

主体 ＼ 情形	一般法律程序	破产	其他接管或清算
转让方：	1.	3.	5.
债权人：	2.	4.	6.

真实出售意见和非整合意见：

1. 下面举一个在美国发生的转移案律师出具意见的例子，它提供了颇具说服力、没有任何矛盾的证明来支持管理层的认定（转移的资产即使是在破产和清算的情况下也与转让方及债权人相分离）：

我们的意见是：在一个具有争议的案子中，基于所有法律原则并结合那些有适用于当事人和他们所从事的交易的资料的实体，金融资产的转移可以被视为真实出售。而关于一笔贷款的证券转移，相应的：

（a）由卖方转移到买方的金融资产及其收益在不违背购买协议的情况下将不能再被视为卖方、任何销售集团① 的成员或者因为破产、倒闭、接管、清算以及其他类似情形而成为他们债权人的实体② 的财产。

（b）在一项购买协议③ 中，任何后来的购买者或者从卖方那获得一项金融资产利息收益权的个人或实体，在没有注意到其中的买方利率时都不能取得优先于权益购买人的资产收益权。

2. 一笔单一交易（金融资产的一步转移，即转让方直接将资产出售给非合并、非附属的受让人）或者一系列交易（两步转移）作为一个整体都能满足法律隔离条件。在资产的一步或两步转移中，真实出售可以在一步转移或者两步转移的第一步中实现。

3. 总体而言，一个两步的证券化结构可能满足合法独立的标准，因为结构的设计可以实现独立。典型的两步结构包括如下方面：首先，转让者

---

① 销售集团包括销售者以及包括在销售者合并财务报表中的实体（不考虑该附属企业是否正处在破产、被监管或其他法律进程或者就债权人权利而进行的股权分配过程中）以及（a）涉及相关交易或属于购买者所发行证券的投资者；或（b）通过直接或间接的方式受金融资产支持，除非从该附属企业设置之日起，母公司就规定不受该公司破产或其他破产管理程序的影响。再转一方的单独财务报表中，销售集团只将在转移方单独的合并财务报表中出现过的实体纳入报告范围，而不会将转移方母公司合并财务报表中的其他实体纳入范围。

② 任何卖方（或卖方集团中的成员）在回购金融资产中所产生的权利以及附属权，都需在交易文本中特别标明，并依据 ASC 860-10-40-5 等适用标准进行评估。任何有关回购或承担金融损失的卖方权利（例如追索权，次级性和其他为规避金融资产不契合协议代表和担保方和违约所行使的回购权）都应在律师判断某项销售交易是否实际发生时，由其进行评估。例如，当确信存在一个买方时，代表和担保人会就销售达成一致，而当不存在一个买方时双方可能会建立不被接纳的追索权。可以参看 Pantale 的"对金融资产的销售中的追索权的反思"，business lawyer159（1996）。

③ 为了获得 ASC-860-10-40-5 的销售待遇，被转让的金融资产必须保障即使在破产或者破产在管时，也不能被转让人其债权人获得。因此，律师函中需要包括所有能影响到买方利益的法律，而有仅仅是适应的破产法。例如在美国的法律中，当买方享有异于有效配置的所有权时，资产是不能被售出的，可见 Benedict v Ratner 268 U.S.353，363（1925）。卖方的滞留权（虽然这种权利可能会被购买协议所限制）可能会单边创造如下金融资产的权利，使得当买方和要求不一致时，第三方获得先于买方的优先权。一般来说，当金融资产可用协定和交割程序所表示时，此时的交割程序包括了由第三方持有买方的专有收益票据且当事人通过买方进行索赔的背书，第三方需要保证除去卖方的当事人有先于买方的优先权。同时，仅当在转让票据由债务人交与买方前，实物由第三方保管，由债务人采取行动且卖方必须保证买房权益时，账目才能有效地转让到买方名下。类似地，任何异于有效配置的金融资产的所有权是不能被卖方合并财务报表内的子公司持有，除非买方能规避其破产或者破产在管的可能。若买方是卖方的附属机构且满足如上条件，则需要任命一个独立主管去代表非卖方附属投资者的利益，从而去预防卖方单方面地采取降低金融资产价值的行为。

向证券化实体转让一组金融资产，这个证券化实体虽然是独资，但经过设计后转让者合并分支在资产负债表中呈现的概率，或者债权人收回金融资产（即低破产风险实体）的概率非常小；其次，低破产风险实体将这组金融资产转移给证券化实体，通常是向证券化实体的收益权持有者提供贷款或产量保护。为了支持管理者对转移资产合理化独立的主张，即使真实出售意见书在第一步或第二步中获得，通常还是会在交易的第一步中获得。由于转让者的信用提升，接下来向证券化实体的转让并不是法律上的真实出售。虽然合法的隔离无法在第二步实现，当转让者在交易的第一步就已经获得真实出售意见书和非合并意见书时，统一的实体不会承认这笔金融资产。转让者或其整合后的低破产风险实体都不是整合证券化实体所必需的。

4. 虽然真实出售支持了管理层在法律隔离上的认定，但并没有解决风险问题，因为法院可以将受让方的合并实体并入转让方的破产财产中。而如果受让方可以被并入转让方的破产财产中，那么法律隔离条件就不满足了。相应地，只有当受让方（包括任何转让方的破产隔离子公司）禁止被并入转让方的破产财产时，律师的非合并意见才能对管理层认定起到支持作用。

5. 一条解决了合并实体问题的法律意见也适用于资产被转移到卖方的附属公司等其他被律师注明的情况。比如，如果一个两步转移结构满足法律隔离，那么对于第一步中的受让人来说，非合并意见① 就是必需的。当转让方参与的交易中涉及子公司，且子公司能够影响合并实体的时候，非合并意见就起到作用了。一个非合并意见的例子如下：

"基于事实和之前的讨论所做的假设，依据对类似法律案件的合理分析，我们的意见是：在一个具有争议的法律问题下，在任何重组、破产清算、接管等程序中，根据法律法规以及相关机构的规定，卖方、受托人、接管方、担保方或者清算人在没有获得买方同意的情况下无权要求合并买

---

① 定义参见适用于转让和与被转让资产有着持续关系的当事人的法律条文。

方与卖方或者任何销售集团的成员的资产负债，且诉讼开始后就立即生效。"

不充分措辞的例子不能提供充分有效的会计证明。

6. 包含有不充分措辞的律师意见不能为管理层的认定（转移的资产即使是在破产和清算的情况下也与转让方或者原始收益人相分离）提供充分有效的会计证明。如果一封法律信函用到如下字眼，则被认为是不充分的，因为其不能提供保证。相应的，这样的信函并不能证明转让方的资产满足了法律隔离标准 ASC 860-10-40-5（a）：

"我们难以表达……"

"在我们看来，基于有限的事实……"

"我们的看法是……"或者"这似乎……"

"得出……的结论是合理的……"

"在我们看来，转移要么是一笔出售要么是……"①

"在我们看来，可能性是……"

"在我们看来，转移应该被视为……"

"在我们看来，公司将会认定……"

"在我们看来，更有可能出现……"

"在我们看来，转移似乎是……"

"在我们看来，有可能……"

资格、限制条款、免责声明。

7. 包含了资格、限制条款、免责声明或者那些能够对事实和情况起到限制作用的律师意见都不适用于交易，因为它们不能为管理层的认定（转移的资产即使是在破产和清算的情况下也与转让方或者原始收益人相分

---

① 受破产管理限制（且不受美国破产法条和联邦存款保险法案控告）的转让人需要服从如下法律：接管人不能接收抵押权益已被担保的资产，不能接收在诉讼序列中的资产，不能接收不能被规避的资产。此时，律师函中需要证明该转让仅仅是转让一份销售或者是抵押权益的担保，而这份抵押权益可以保证被转让的资产不会被接管人或者无法开具出有力的符合分离准则的债权人获得。

在这种环境下，一个律师需要对两步结构中的每一步开具意见。相关资料可以参考 ASC860-10-55-22，其中给出了在两步结构的第二步中，对资产转让给出的律师函，而 55-23 给出了对第一步中资产满足分离准则的证据。

离）提供充分有效的会计证明。

8.法律意见中的限制条款会使得意见书无效，因为它造成了额外的法律分析要求，从而导致了没有被律师考虑在内的一些因素。比如下面这条声明：

"我们注意到关于破产事务的法律意见不可避免地具有内在限制，这些限制在那些具有第三方意见的法律问题上一般不存在。这些内在限制之所以存在主要是因为破产法庭的普遍权力等因素。因此这些意见的接收方在分析那些交易协议的破产风险时应当将这些内在限制考虑在内。"

9.当律师对交易提供意见时，合适的措辞会影响法庭对追索权的态度。比如，当一笔交易包含有追索权时，转让方的法律隔离分析应该考虑律师意见是否对交易中的追索权的本质和重要性做了完整的阐述。一笔担保中有限的历史信息、异构资产以及重大变化都是导致律师分析的阻碍因素。因此会计师应当全面地考虑这些追索权的分析与那些被管理者用于评估的信息是否一致。

10.此外，对于假想交易的结论可能与管理层的判定不相关。这些结论也可能无法全面地考虑一笔交易协议中的所有情况，因此难以提供有效的证明。比如来自律师的一条法律细则常常会分析（并做出结论）那些将会随后完成的交易。但除非这些结论与解释相一致，并且律师也证明这些结论适用于管理层对这笔完成的交易的判定，才能提供有效的证明。

参考文献

［1］本·伯南克（Ben S. Bernanke）.全球失衡：近况和远景［EB/OL］.
2007. http：//www.federalreserve.gov/newsevents/speech/bernanke 20070911a.htm.

［2］布拉德利·T.博登（Bradley T. Borden），戴维·J.赖斯（David J.
Reiss）.卑鄙的律师与罪恶的不动产抵押贷款投资转手凭证［J］.遗嘱认证及
财产. 2013-05-06. http：//papers.ssrn.com/sol3/papers.cfm?abstract_id=2209863.

［3］汉斯—约阿希姆·迪贝尔（Hans-Joachim Dübel）.跨越大西洋的抵
押信贷信用危机——金融结构和监管的作用.欧洲货币和金融论坛（哥本
哈根的 Nykredit 抵押银行）会议发言［EB/OL］. 2012. http：//www.finpolcon-
sult.de/mortgage-sector.html.

［4］弗里曼·戴森（Freeman Dyson）.错误案例［J］.纽约书评. 2014-
03 -06. http：//www.nybooks.com/articles/archives/2014/mar/06/darwin -ein-
stein-case-for-blunders/.

［5］弗莱德·菲尔德坎普（Feldkamp），帕特里夏·莱恩（Patricia
Lane），布莱恩·荣格（Bryan T.D. Jung）.金融市场的法律和经济学：确保
未来成功可借鉴的历史经验教训［M］.波士顿：Aspatore 出版公司，2005.

［6］蒂莫西·盖特纳（Timothy F. Geithner）.压力测试：对金融危机的
反思［M］.纽约，2014.

［7］罗伯特·L.黑特泽尔（Robert L. Hetzel）.增加对银行所承担风险
的监管究竟是该来自监管者还是市场？［J］.美联储里士满经济，2009，95

（2）：161-200. http：//papers.ssrn.com/ abstract=2188487.

[8] 托马斯（Thomas Wuil Joo）. 谁监管监管者？证券投资者保护法案、投资者信心和对失败者的补贴 [J]. 南加州法律评论，1999，5（72）.

[9] 托马斯·卡斯帕（Thomas A. Kasper），莱斯·帕克（Les Parker）. 认识担保抵押贷款债务 [J]. 哥伦比亚商法评论，1987，139（1）.

[10] 约翰·梅纳德·凯恩斯（John Maynard Keynes）. 国家自给自足 [J]. 耶鲁回顾，1933，22（4）：755-769.

[11] 亚当·拉伯（Adam Lebor）. 巴塞尔塔 [M]. 纽约：公共事务.

[12] 杰里·W.马卡姆（Jerry W. Markham）. 美国金融史（第三期） [M]. 纽约：M.E.夏普出版公司，2002.

[13] 约翰·梅里曼（John Merriman）. 欧洲现代史：从文艺复兴时期至今 [M]. 纽约：W.W. 出版公司，2009.

[14] 米切尔·劳伦斯·E.（Mitchell Lawrence E.）. 投机经济：虚拟经济如何战胜了实体工业 [EB/OL]. 2007. http：//ssrn.com/abstract=1017923.

[15] 彼得·V.潘塔里奥（Peter V. Pantaleo）. 反思追索权在金融资产销售中的作用 [J]. 商业律师，1996，52（1）：159-198.

[16] 詹姆斯（James Pethokoukis）. 汉克·保尔森的 11 个失误 [R]. 美国新闻和世界报告，2008-11-17.

[17] 马蒂·罗宾斯（Marty Robins）. 为什么高管没有起诉？[J]. 纽约书评，2014-04-13.

[18] 桑德斯·索尔（Sanders Sol）. 我们一定不能输的一场考验 [J]. 美国民主中心，2014-02-17.

[19] 斯巴林伯爵（Sparling Earl）. 华尔街的神秘人 [M]. 纽约：蓝带书籍，1930.

[20] 维拉尼·凯文（Villani Kevin）. 攻占宾夕法尼亚大道：政治家是如何引发的金融危机的？为什么他们的改革会失败？[EB/OL]. 政策分析概要. 2013-11-25. http：//ssrn.com/abstract=2359584.

[21] 冯·米塞斯·路德维格（Von Mises Ludwig）. 基于经济学的对人类

行为的研究 [M]. 纽黑文：耶鲁大学出版社，1949.

[22] 阿尔伯特·M. 乌泽鲁尔 (Wojnilower Albert M.). 平静的表面 [J].
克雷格钻资本，2014-03-14.

[23] 克里斯托夫·维伦 (Christopher Whalen). 多德—弗兰克和大辩
论：法规对战增长 [J]. 网络金融研究所政策简报，2014（1）.

关于本书的同步网站

本书设有一个同步网站，网址为：www.wiley.com/go/financialstability. 这个同步网站里包含了一些可供读者拓展阅读的文献，包括：

13/07/17：人类今天的智慧能否阻止下次危机的到来？

13/07/24：永远，永远，永远，永远不放弃！

13/07/29：可实现且可持续的金融稳定

13/07/30：当失败的天才反败为胜

13/10/10：稳定吸引投资

13/10/14：T 型，T 型，如今少年

13/11/21：四个得分以及八年前

14/01/09：新年快乐

14/02/25：节拍在敲打，敲打，敲打

14/04/14：马可波罗

14/06/23：2014 年会是一个禧年吗？

14/07/24：普京危机会结束并触发反弹吗？

关于本书作者

弗莱德·菲尔德坎普

弗莱德·菲尔德坎普先生是美国富里达（Foley & Lardner）合伙律师事务所的一名合伙人，现已退休。他是富里金融及金融机构事务所（Foley's Finance & Financial Institutions Practice）及其汽车与能源行业团队中的一员。在过去的40年里，他曾在该公司位于密尔沃基、芝加哥办公室和底特律的办公室工作，向客户提供有关业务、管理和金融法律方面的建议。

1973年，菲尔德坎普先生为富里达的开创性破产意见提供法律依据，这使得美国在后萧条时期第一个私人抵押贷款支持证券得以发行。这些年来，他提供了很多创造性法律意见，以支持众多的证券化创新，其中包括：

● 几种用以给汽车行业的零售、批发销售、租赁提供资金支持的体系；

● 通过日本最大的非银行金融机构的重组赞助，创造最大的外商独资日本按揭服务公司（2000年）；

● 效用转换证券，包括1998年最大量的资产支持证券（ABS）的发行；

● 第一个私人抵押贷款债券（1983年）；

● 允许几个首创的豁免程序，其中包括2a-7规则下的溯往原则、房屋贷款渠道，部分资产池的担保抵押贷款（CMO）。

他涉猎颇广，向美国本土和跨国公司、国际金融机构、境内外监管机构和自律组织提供各种金融服务事宜的咨询服务。为了促进世界各国证券化的进程，菲尔德坎普先生在世界各地征询加强法律、法规和会计准则的方案。

菲尔德坎普先生在其他领域的实践活动，包括代理金融服务公司各方面的业务，公司法、兼并与收购、管理和运营的问题，筹划、重组和破产事宜等。此外，他还参与了许多银行、储蓄机构和财务公司的重组。他就高杠杆的债券交易的程序问题提供建议，以确保其合法合规，并在解约和重组的高杠杆债务发行人的诉讼中担任法律顾问。

除了他自己不计其数的出版物外，他还是影响审计准则条款 9336（AU Section 9336）法律期刊的贡献者，该准则由美国注册会计师协会审计准则委员会于 2001 年 10 月发表。审计指引适用于任何法律意见，美国公司为了转移金融资产可能会要求支持会计销售处理。菲尔德坎普先生曾向美国法律机构、世界银行、中国以及美国的银行业、投资银行和其他监管团体就美国及亚洲证券化问题发表过许多演讲。

菲尔德坎普先生是堪称"AV 卓越"级别的同行评审，这是在马丁·哈贝尔（Martindale-Hubbell）的同行评审评价系统中的最高等级，同时他被伊利诺伊州顶尖律师系统（Leading Lawyers Network）评为顶尖律师之一。因为他在银行业的工作，他的名字还出现在 2006 年密歇根州由法律与政治媒体评选出的"超级律师"和"世界一流金融律师"的名单上。

菲尔德坎普先生毕业于美国密歇根大学法学博士，并是数量经济学研究会（Research Seminar in Quantitative Economics）的学生会员。他曾作为法律界的代表应邀加入美国注册会计师协会财务会计准则委员会（Financial Accounting Standards Board，FASB）140 审计问题工作组。

作者出版物：

独著：

● 美国市场的今天：片刻的庆祝和反思. 2006 年全球证券化指南（一个补充证券报），2006-06.

● 2005 年 3 月市场危机：一个重新定价的事件、利率上升的一个反应或会计体系崩溃重新出现的波动？2005 年全球证券化和结构性融资指南.全球白页有限公司,德意志银行赞助,2005-04.

● 信用垄断危害贷款人和借款人.2004 年的指南结构性融资(补充国际金融法律评论),2004-07.

● 终结垄断.ISR 证券化法律指南,国际证券化报告,2004.

● 将"D"从资产负债表-FIN46 和报表 140 中删除.2003 年结构性金融年鉴 2003(补充国际金融法律评论),2003-10.

● 谁让狗熊杀死了金发姑娘?.期货及衍生品法律报告第 23 卷第 5 号(2003-7/8).

● 2003 年美国新型证券化模型:隔离与风险分散.2002 年结构性金融年鉴(补充国际金融法律评论),2002-10.

● 从萧条到繁荣,但不是回首:美债交易市场改革.ISR 证券化法律指南.国际证券化报告,2002-07.

● 拯救大兵中介.2001 年结构性金融年鉴(补充国际金融法律评论),2001-10.

● 美国的发展:保护金发姑娘远离狗熊.ISR 证券化法律指南,国际证券化报告,2001-07.

● 资产证券化:炼金术士的梦想.2000 年证券年鉴(补充国际金融法律评论),2000-09.

● 美国的发展:什么是来势汹汹的良性经济?.ISR 证券化法律指南,国际证券化报告,2000-06.

● 资产证券化的发展:美国,正在转移它的现金流——愚蠢的行为.1999 年证券年鉴(补充国际金融法律评论),1999-09.

合著:

● 金融市场的法律和经济学:确保未来成功可借鉴的历史经验教训.波士顿:Aspatore 出版公司,2005.

● 反思追索权在金融资产出售中的作用.商业律师,1996-11.

克里斯托弗·维伦

克里斯托弗是一名住在纽约市的投资银行家兼作家。他是克罗尔债券评级机构（www.kbra.com）的高级董事总经理兼研究部主管，主要负责金融机构和企业的信用评级。在过去的 30 年里，他曾就职于各大金融机构，如贝尔斯登公司、英国保诚证券、切线资本合伙公司和卡林顿。他是机构风险分析公司的创始人之一并且从 2003~2013 年担任负责人，直到公司被整体银行解决方案公司（Total Bank Solutions）所收购。

克里斯托弗是《通货膨胀：金钱和债务如何构筑了美国梦？》（新泽西州霍博肯市，约翰·威利父子出版公司，2010）一书的作者，现在这本书已经再版。

克里斯托弗是马萨诸塞州纳提克郡维斯住宅研究（www.weissres.com）的顾问委员会的成员，同时也是美国印第安纳州立大学网络金融组织的研究员。同时，他也是维拉诺瓦学校商学院财务部咨询理事会的一员以及金融业监管局经济咨询委员会（FINRA）的成员。

克里斯托弗是企业经济学家全国协会的成员。他是专业风险管理国际协会（Professional Risk Managers International Association）的成员，并且从 2006 年到 2010 年 1 月担任专业风险管理国际协会华盛顿特区分会的地区主管。

克里斯托弗向多家出版公司投稿，比如零对冲（Zero Hedge）、美国银行家（American Banker）、住房线（Housing Wire）和国家利益（The National Interest）。克里斯托弗就一系列的金融、经济和政治问题在美国国会、证券交易委员会和联邦存款保险公司（美国联邦存款保险公司）间进行实证分析，经常出现在 CNBC、布隆伯格电视台、福克斯新闻和商业新闻网等公众媒体上。

有关他的部分讲话、文献和采访的资料可在网上（www.rcwhalen.com）获得。